スクールゾーンはしもの

あるある100

この気持ち、わかるかな……

世界文化社

はじめに

こんにちは！　スクールゾーンの橋本 稜・はしもです。
この本を手に取ってくださってありがとうございます！
そしてこのタイトルの本の表紙をめくってくれたあなたはすでにもう、
どっぷり韓流沼にハマっていらっしゃる。
そうお察しいたします。

中学生のときに、母の傍らで『冬のソナタ』を見ていたら、
いつしかそのストーリーの虜に。僕と韓国ドラマとの出会いでした。
それをきっかけにK-POP、食や美容、韓国語など、
韓国にまつわるすべてを追うのがライフワークに。
インスタグラム（@schoolzonehsm）では、僕の韓国への愛が凝縮した
あるあるをお届けしているのですが、
この本はその集大成とも言える一冊です（でもまだ終わりません）。
普段は身近にあるもので作っていたあるあるを、韓国ドラマネタを中心に
100個（！）プロのスタッフの手を借りて、よりリアルに再現しました。

信じられないくらい美しい主人公、ぶっとび設定、トンデモ展開、
笑いあり、涙ありの脚本と、それを支える名脇役たち。
そのすべてが新鮮で、見ると誰かに話さずにはいられない！
本来は、チャミスルとおでんを合いの手に
同じ作品を見た人と共感、共有し合いたいところですが、
如何せん韓ドラは睡眠時間を蝕みます。
仕事に、育児に恋愛に、と忙しい読者の皆さんにとって、
この本がいつでも話せる友達のような、韓流好きのバーのママのような、
そんな存在になれたら、こんなにうれしいことはありません。

それぞれのあるある度合いを、僕が愛してやまないＢＴＳのナムさんこと、
キム・ナムジュンさんに扮して、口角の上がり具合で勝手に３段階ジャッジしています。

ナムさんが真顔に近いあるあるにうなずけたら、もうあなたは韓ドラ玄人！

引き続きどハマり中のひとも、最近見るものがないな、と遠ざかってしまったひとも。

新作・旧作問わずあるある探しという観点で見たら、韓国ドラマは何度だって楽しめます！


それでは、はしもの韓流あるある１００、スタート！

韓流あるある 100　ドラマ編　Part.1

番外　ソウル編

韓流あるある 100　ドラマ編　Part.2

韓流あるある 100
ドラマ編　Part.2

番外　新大久保編

韓流あるある 100
ドラマ編　Part.3

※本書編集ページに記載されている商品は、原則として税込価格であり、2023年3月8日現在のものです。
価格や店舗情報は諸事情により変更されることがあります。また、掲載した写真の色や素材感が、
実際のものと異なる場合がございます。あらかじめご了承ください。

Before

ドラマ編　Part.1

当たり前のように人間以外の相手に恋をする

001

#急にSF !?

#悪魔 !?

おおあり

After

微妙だと思っても、とりあえず5話まで見てみて!

宇宙人、九尾の狐、９００年生きている鬼、漫画の主人公、ゲームのキャラクター……。奇妙奇天烈な設定をあげればキリがないほど韓国ドラマは自由です。これだけ設定がぶっとんでいるのに、そんなものに限ってコメディ要素は薄いという不思議。初めは嘘でしょ?と引き気味に見始めますが、オリジナルルールにハマったら最後、大号泣で最終回を迎えることうけあいです。なぜなら相手は人間じゃないので、結ばれるという展開にはどうしたってならないパターンがほとんどだからです。どれどれ見てみようじゃないの、という方にご参考まで。『星から来たあなた』、『僕の彼女は九尾狐〈クミホ〉』、『トッケビ～君がくれた愛しい日々～』、『W－君と僕の世界－』などがあります。

002

都合の悪い話になると電波のせいにして切る

#電源OFF

#コメディ力試されるシーン

サムスンやLGという国産ブランドの熱烈なアピールだったりもするから、時に不自然なまでにクローズアップされる携帯電話。ラブコメなんかでよくあるのは、話の流れが悪くなったとき、言いたくないことを詰め寄られたとき、徐々に電話を口元から離していって切るというバレバレの手法。信じられないことに、大概それでピンチは切り抜けるのですが、それでもしつこくかかってくる場合は電源を切る、ひと昔前の携帯なら電池パックを抜く、なんて荒技も繰り出されます。最近でもスマホは時に物語のキーになったり、感情をぶつける小道具になったりと俳優並みに重要な役割を担うことも。サムスンの二つ折りスマホは、もしかして折るために開発されたんじゃ?と推理してしまうくらいです。

ちょいあり

003

びっくりしたら電話を
右から左に持ち替える

#左から右もあり

携帯ネタでもう一つ。電話でなにか新情報を告げられたり、急に怒鳴られたり、びっくりしたときによく見るあるある。でも実は、僕もやっているかも……!?

おおあり

004

昼食は必ず社長のカードで

#人さし指と中指で
#華麗に支払い

コーヒー1杯、大根1本でもカード払いが当たり前のクレジットカード大国・韓国。折に触れてカード決済がスタイリッシュに登場しますが、自分のものではない誰かのカードで豪華な食事したり、じゃんじゃん買い物をするシーンは憧れでもありますよね。「今日はオレのおごりだ！」と社長がついてくるパターンもありますが（その場合、だいたいあだ名は〝財布〟）、カードだけ渡してこれで食べてきて、なんていうスマートなおごり方も。ちなみにお金持ちの子供は母親のカード、通称オンカ（オンマカードの略）で買い物をしたりもするそう。

ややあり

机の上のものを すべてなぎ払う社長

005

#怒りに任せて

#あとから後悔するやつ

取引先に騙された、部下が使えない、など理由はなんであれ、大概の社長は怒ったら机の上のものを全部床にぶちまけます。バ◯ラ風の高そうなグラスも水差しもおかまいなし。感情の表現がフォルテッシモな韓国ドラマは、いつだって忍耐強いスタッフに支えられているなぁと思うのでした。

006

お母さん役、3人くらいで回してる

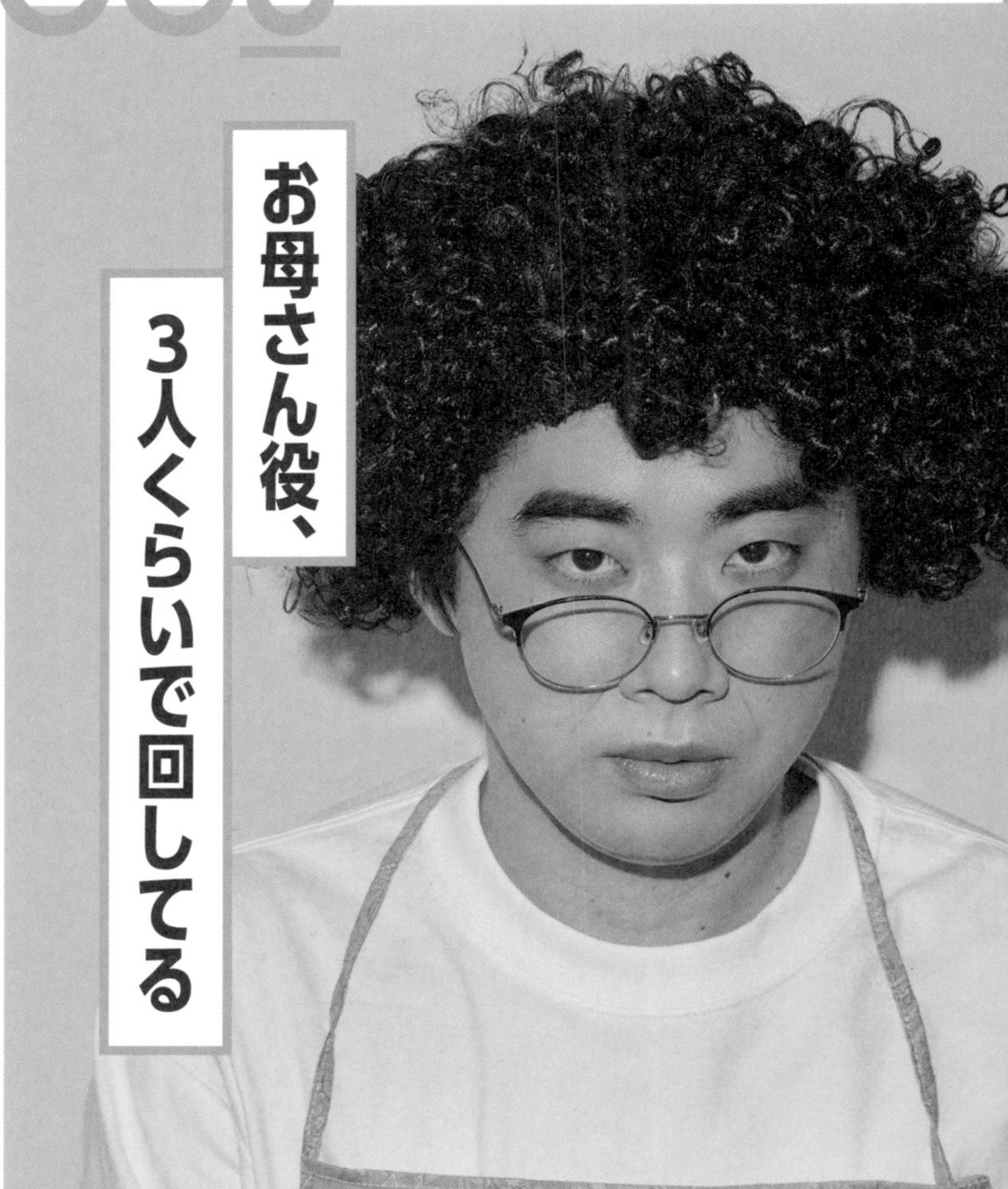

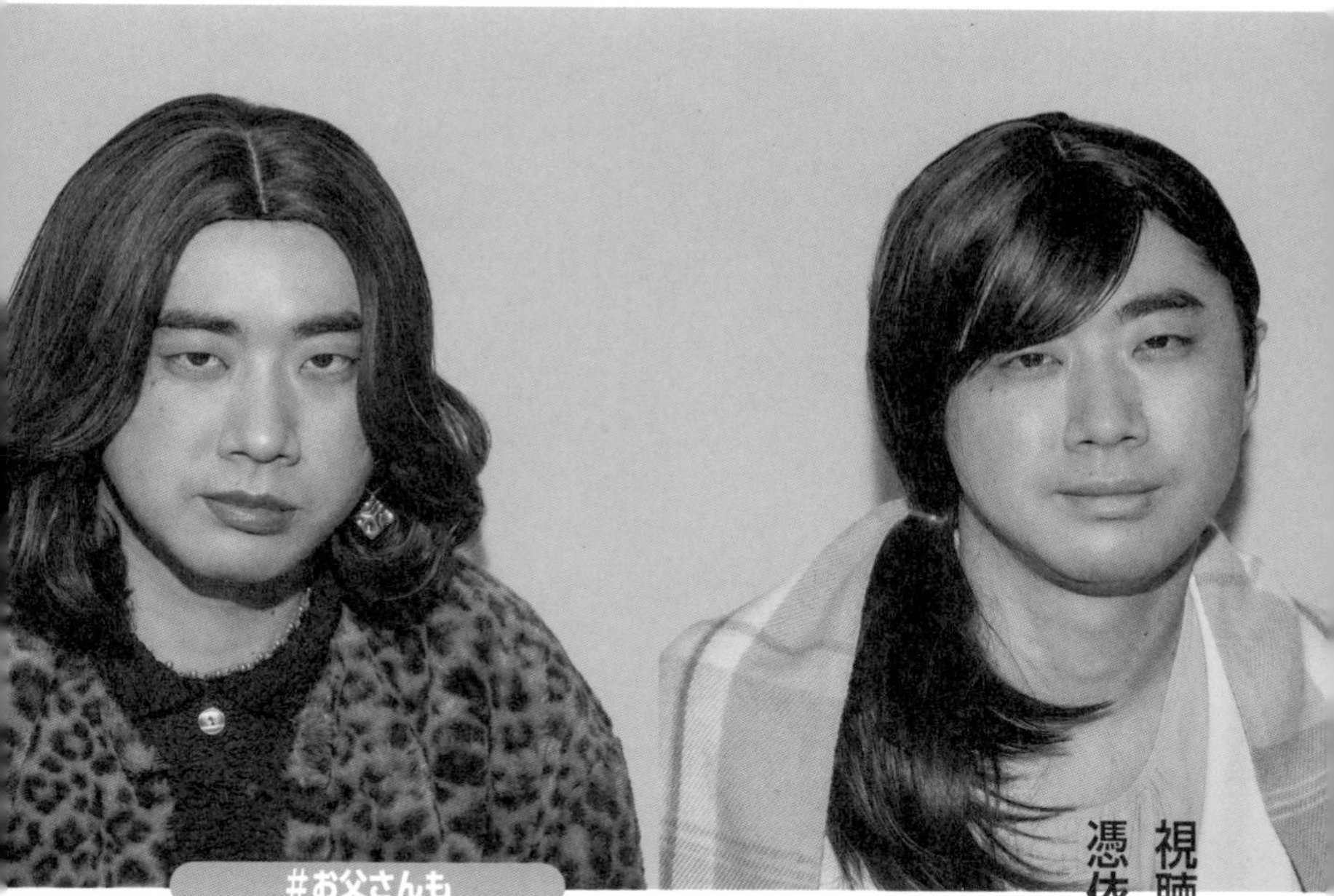

#お父さんも

#じいさんばあさんも

視聴者の感情を置き去りにする憑依型の演技力に逆に困惑！

韓国ドラマのすごいところは、脇役のクオリティの高さ。主演から端役まで抜群の演技力で安心して作品に没頭できる……って、いや待って？　このお母さん、この前見たドラマでもお母さんじゃなかった？　はいそうです。はしも調べでは、いつだってお母さんはそのとき中年女性3人くらいで回しています。それも金満お母さんから極貧お母さんまで実に幅広く役に対応！　よくこんなに短期間でスイッチが切り替えられるな、と俳優魂に感動せずにはいられません。

ちょいあり

落ち込んだらすぐスカッシュする

007

#ランニングマシンも走る

#ちょっと速すぎる

むしゃくしゃしたり、考えを整理したいとき、御曹司はいつだって塞いだ気持ちを爽やかにスポーツで解決！　スカッシュのシーンは、往年の名作だと『私の名前はキム・サムスン』、最近ではみんな大好き『キム秘書はいったい、なぜ？』でも出てきます。コミカル担当の友人を伴い、ボールの跳ね返りでおどけさせるなど、ちょっとした箸休めのシーンにも気を抜かないのが韓国ドラマのすごいところ！　ジムのランニングマシンもよく登場します。嫌な考えを振り払おうとしてスピードを上げるのですが、速すぎて真顔本気走りになっちゃう。そんな一瞬の表情込みで、楽しんでもらいたいですね。また、プールでサービスシーンを兼ねる場合も。韓国ではプールが学校にあることが稀なので、泳げる＝特別な教育を受けているというステイタスなんだそう。

おおあり

008

悩んだらすぐブランコ乗る

#ちょうどいいブランコが
#近くにある奇跡

韓国ドラマにおいて、公園遊具活用度ランキング第1位はブランコ（はしも調べ。ちなみに第2位は、おじいちゃんおばあちゃんが体操に使う健康遊具）。幼少時代の子役はもちろん、御曹司もヒロインもとにかくブランコに乗ります。それも、パジャマみたいな部屋着で。揺れる気持ちを表現している？　大人が遊具に乗っちゃうギャップ萌え？　とにかく乗ります。そして恋のライバル役がブランコに乗っていた場合、その恋は２００％、失恋に終わります。

009

最終回でも整形する

#誰？

#満足してるの本人だけ

にわかに信じがたいあるあるですが、本当の話らしいです。むしろ冬ソナ級の昔の韓国ドラマでは、タイミング問わずわりと当たり前。最近では韓国でも美しさの定義も多様化していて（もはや日本以上かも?）、もとの造形を無視した整形は減ってきているな、と思っていたのですが。比較的新しい作品でもあったような……。ずっとその顔でやってきて、いよいよ最終回、となったところで、突然鼻が変わってる。物語に集中したいのに、鼻が気になって話が頭に入ってこない……。せめてその作品が終わるまで待ってほしかった。どうして周りの人が止めなかったんだろうと不思議なのですが、有終の美を飾りたくなっちゃったのかな。名前は出せませんが僕の好きな俳優さんも……!?（※あくまで、はしも調べです）

ややあり

010

耳をつかんで連れ戻される

強い女性像の裏返しなのか、とにかく男性は耳を引っ張られています。バカ息子も、気の弱い父ちゃんも、御曹司も。韓国にかかわらず、女性が強いほうが大概うまくいくんだろうなと思います。クレヨンしんちゃんのみさえとひろしみたいに。僕も彼女に耳を引っ張られても全然嫌じゃない派です。

#尻には敷かれる

#でもちょっとうれしそう

運転中に助手席見過ぎ

#前見てほしい

#絶対事故る

#夜の車内明るすぎ

011

ずっと不思議だったんです。リアルに忠実な韓国ドラマが、なぜ脇見運転シーンをＯＫにするのか。又吉先輩原作『火花』のドラマで、引っ越しを手伝う後輩役を演じさせていただいたとき、その理由がやっとわかりました。主演の林 遣都さんが助手席に、僕が運転席に座った軽トラを公道で牽引して撮影したんですが、一度ＮＧを出すともう一度撮影ポイントに戻ってやり直し。牽引されている安心感と、セリフをちゃんと話さなきゃ、という思いでつい体が助手席に向いてしまうし、多少不自然だったとしても、何度もリテイクできない、っていう事情があるんじゃないかなと僕なりに納得したわけです。別の意味で、ハンドルを握る手に力が入る経験でした。それでも見過ぎだと思います。

ややあり

012

恋に悩むと赤信号渡っちゃう

※信号は加工して赤を点灯させています。

#危ない！

好きになった人が、実は生き別れた妹だった、心にもないひどいことを言ってしまった（または言われた）、誤解が解けない、などの失意のシーンでよく出てくる演出です。信号機がアップで映り、青信号が点滅したら、もうそれは死亡か記憶喪失フラグ。覚悟して続きをご覧ください。

そっちに行ってはダメなのに行く

013

#死を覚悟した瞬間

#母親に留守電

なんでそっち!? 絶対怪しいじゃん! というほうに誘われるように迷いなく走っていってしまう主人公。または行きかけて戻る。そしてやはり行く! などテレビの前で「あ〜〜!」と叫びながら見るのも韓国ドラマの醍醐味。そこでめんどくさいな、心臓に悪いなと思ってしまうひとは、韓ドラーに向かないかもしれません。なぜならその一歩が間違いのようで、物語的には正解だから。そこからあらぬ方向に進んでいくトンデモ展開を、一緒に楽しみましょう!

ややあり

014

#何で？

崖から落ちたのに死体がないとだいたい生きてる

韓ドラには興味なし、と言い放つご主人も彼氏も同僚も、この作品はハマった！という人も多いのでは？　というほど全人類を巻き込みヒットした『イカゲーム』。作品内では、崖のシーンがストーリーに転機をもたらしました（これ以上書くとネタバレになるので割愛）。「いや、絶対死ぬだろ？」と突っ込みたくなるような断崖絶壁でも、死体を確認するまでは疑ってかかるのが正解。ちなみに日本のサスペンスドラマでも崖はよく出てきますが、そこに船越英一郎さんがいたら必ず追い詰められた犯人の自殺を止めてくれるから安心です。

015

家出したら
チムジルバンでゆで卵食べる

#殻はおでこで割る

#タオルの巻き方の癖が強い

わりとピンチな局面なのに
温まって食べて意外に楽しそう！

おおあり

今でこそ日本は空前のサウナブームですが、冬は氷点下が当たり前のソウル民にとってチムジルバンで暖をとることは整う以上に重要な生きる知恵。より密接に生活に関わってくる施設だからこそ、主人公の庶民的な側面を描くときによく登場します。例えば、家出をして行くあてがなくチムジルバンで寝泊まりする。ホテル代をケチってまで何かに打ち込むという設定がお決まり。24時間営業の場合がほとんどなので、深夜や早朝バイトの掛け持ちで日銭を稼ぐ、という涙ぐましいシーンに使われるパターンも。ちなみに男性のあかすりをしてくれるアジュンマ（おばさん）はTシャツスタイルです。黒い下着ではないので、ご安心を。

016

オートロックの暗証番号はすぐバレる

#セキュリティ厳しいの？

#甘いの？

#あ、俺の誕生日

玄関のオートロック解除音「ピポピポ、ピロロロン！ カシャ」。日本で言う、「お風呂が沸きました♪」のメロディに匹敵するくらいよく耳にする電子音。鍵をささずにドアが開くのは便利ですが、知っていれば誰にでも入られてしまうのはちょっと怖い。喧嘩をしている間に暗証番号が変えられて入れなくなっていた、恋人ができたので親族に内緒でコードを変更した、なんていうシーンが多いですが、大概誰かの誕生日で構成されているので（はしも調べ）、比較的解析は容易。『よくおごってくれる綺麗なお姉さん』でも効果的に描かれていました。

ややあり

すぐヒールで威嚇する

#ボ？

#何か文句ある？

017

強い女性シリーズ。警察で、飲み屋で、病院で。ところ構わず履いていたヒールを脱ぎ、振り上げる女性。〝こいつヤバいな〟と思わせておいて、実は悩みを抱えていたり弱い部分がある。そんなギャップに主人公は心を打たれちゃったりするんですよね。もし狙っている男性がいたら、初対面でヒールを振りかぶっておくとその後は加算方式でうまくいくかも!?　※失敗したときの責任は負えません。

 おおあり

屋台で酔い潰れて好きな男におんぶされるヒロイン

018

#さっきUFOキャッチャーで取った

#お気に入りのぬいぐるみで殴る

ラブコメのなかで最も盛り上がるむずキュンシーンがここに！

ヒロインシリーズでもうひとネタ。嫌い→あれ？好きかも？と2人の距離が絶妙に縮まってきた瞬間（だいたい7話目くらい）に見られる、恋愛ドラマにおいて一番アツいシーンです。さっきねだってゲームで取ってもらったぬいぐるみを振り回しながら、上機嫌で本音をさらすヒロインに心がほぐれていく主人公。一歩を踏み出そうと勇気を振り絞って告白すると、大概寝ちゃってるんですよね、背中で。

참이슬
참이슬

街の警察は事件を解決したことない

019

#お役所仕事

#事なかれ主義

日本のドラマでもよくある描写ですが、だいたいにおいて警察官はゆるい（刑事ドラマを除く）。それをカバーするようにメインキャストが奮闘することで物語が回り始めるというギミックです。『椿の花咲く頃』でもそんな関係性が描かれていました。そして、一般市民が頻繁に警察のお世話になるシーンも目につきます。喧嘩して、親や恋人が「何やってんだ！」と迎えに来る。「頭を冷やせ！」と一晩留置所に入れられる。するとそこに、絵に描いたようなヤクザの先客がいたりして笑いを誘います。

出所したら豆腐食べる

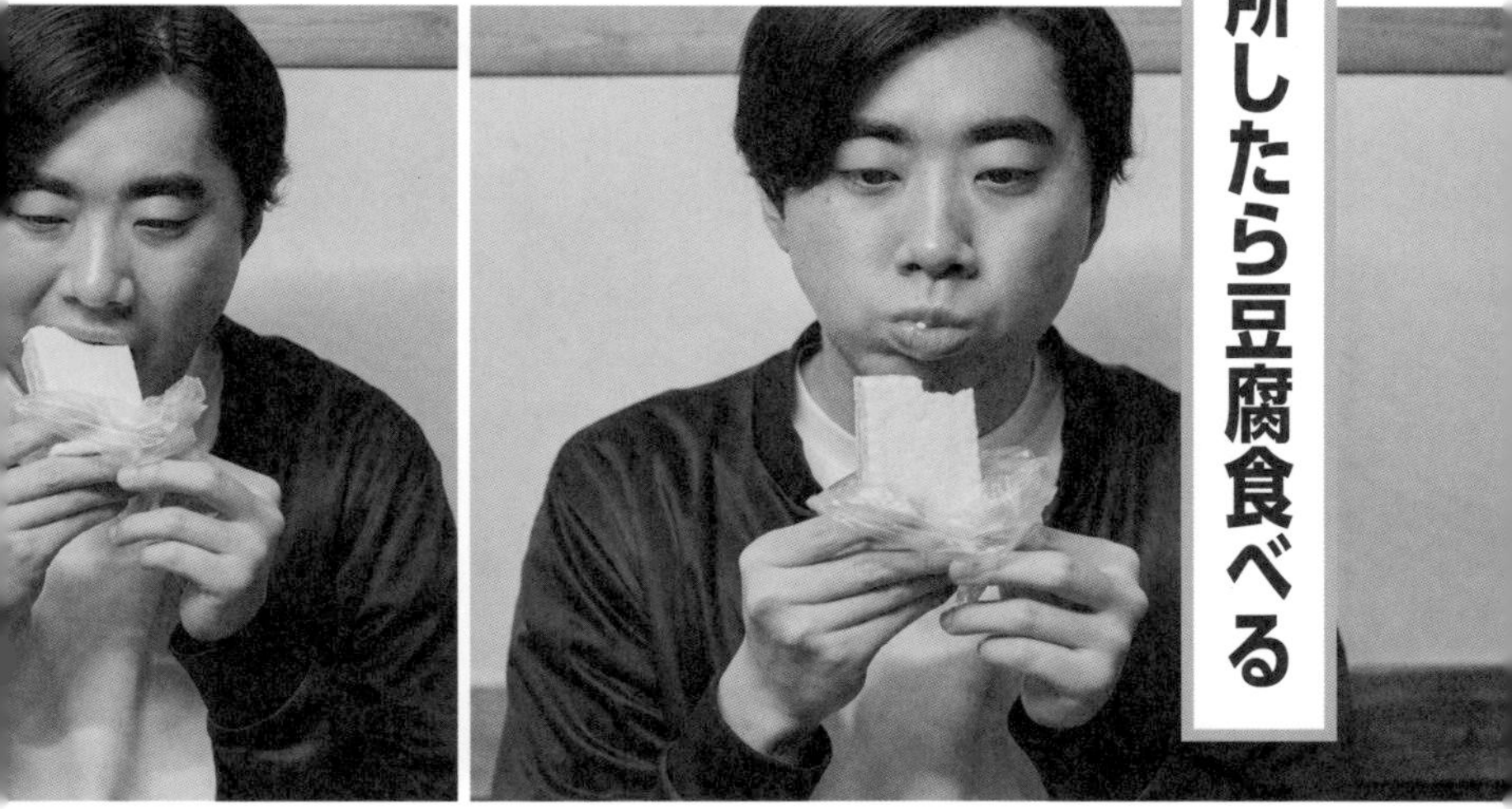

#チゲも可

020

　豆腐が二度と大豆に戻らないように、もう刑務所に戻ってこないようにという思いを込めて、出所したら豆腐を食べるのが韓国の出所事情。親や友人に持ってきてもらって、袋に入ったまま食べるそう。『梨《イ》泰《テ》院《ウォン》クラス』では、パク・セロイ（パク・ソジュン）がチゲを食べていました。豆腐を食べればOKなんですね。

021

初登場からずっと死亡フラグが立っている田舎の青年

#おかっぱ

#いいやつ

見た目は冴えないけれどすごくいいやつ。でもどこか薄幸ときたらそれはもう死亡フラグ。彼が夢を語れば語るほど悪役の非情さが際立ち、そして死期は近づいていきます。映画『タクシー運転手 約束は海を越えて』でもそんな青年が登場します。

022

地下駐車場のシーンは必ず誰かに狙われている

#男も女も

#待ち伏せされる

#誘拐される

ドラマのシーンに地下駐車場が出てきて、犯人目線のカメラワークに切り替わったら、覚悟が必要です。なぜならばこの後、主人公かヒロインは必ず、暴行を加えられるか誘拐されるから（未遂もあり）。薄暗い駐車場に一人、無防備になすすべなく捕まってしまうパターン（すでに車の中の後部座席で待っているやつは震え上がるほど怖い!）、明らかに怪しい黒塗りのワゴンタイプの車にパワープレイで押し込まれそうになり、そのまま銃撃戦に、なんてハードボイルドなパターンもあります。『太陽の末裔』で出てきたのは後者。ユ・シジン（ソン・ジュンギ）とソ・デヨン（チン・グ）の息のあった戦闘シーンは、かっこよかったなぁ。

チャミスルの空き具合で時間経過を表す

#ジョウンデーなの？

#チョウムチョロムなの？

023

おおあり

すべての韓国ドラマにおいて、水以上に飲まれているであろうチャミスル。義理の親に認められる、いけすかない同僚と打ち解ける、恋が急展開する、などチャミスルのストーリー推進力っていったらない！　アルコール度数は約13～17度程と高めなのに、ストレートでもほんのり甘くて飲みやすくてするするいけてしまうんですよね。韓国ドラマの屋台シーンでは、卓に5、6本、空き瓶が転がっているのは普通。そして見ていると必ず、あの小さなおちょこで飲みたくなっちゃう。イモー、チャミスル、ハナ、ジュセヨ！

ややあり

024

街で助けた老人が実は大富豪

#あのときは

#ありがとねぇ

ちょっとすれ違っただけの人が、とんでもない権力者だった、という展開。日本の時代劇なんかでも、物語におけるオーセンティックな革命の起こし方です。そういった役においてご老人は大概地味な服で弱々しく描かれますが、キーマンとして再登場するときにはギンギン。まるで金の屏風を背負っているかのような華々しいカムバックを果たします。

金持ち年配のパジャマはシルク一択

睡眠の質を大切にするのが、実業家のたしなみ。ちなみにこの撮影で着たのはシルク風でしたが、ものすごい静電気を帯びて、僕を攻撃してきました。シルク風はもう2度と着たくありません。

・・・・・  ちょいあり ・・・・・

026

番外　ソウル編

電車の中でたまに見かける兵役休暇中の人

#休暇でも

#軍服

やっと旅行も解禁ムード！
久しぶりの渡韓に備えた
あるあるをピックアップ！

こんなにも近くて、オシャレでエンタメにあふれた国ですが、たまに電車の中でリアルアーミースタイルの人を見かけるとハッとしますよね。よほどの特別な事情がない限り、成人の韓国男子に課される兵役義務。心の中でひそかにエールを送っています。

一度商品を手に取ると、ランプの精のように現れるコスメショップのオンマ

#キラーワードは

#うちの息子も使ってる

027

テスターを何げなく手に取ると秒で現れる店員のおばさんとの遭遇は誰しも経験があるはず。僕は〝りょうこちゃん〟という女装キャラを演じるので、コスメショップは必ずチェックするのですが、センサーでも付いているのかな？　と思ってしまうほど。大概、欲しいと思っているものとは別のクリームを手に持っていて（おそらく売りたい商品が決まってる）、そちらをゴリ押ししてくるんですよね。顔が乾燥している、

どこからともなくやってくる
コスメショップの主的存在

と痛いところを突きつつ「すごくしっとりでしょ！」と同意を求めてくる。曖昧な相槌に、「うちの息子も使ってるから！」という決め台詞で畳み掛け、購入を促します。そんなコミュニケーションが疲れるな、と思ったときは、おばさんが現れた時点ですぐにこう言いましょう。「それ持ってます」。するとおばさんはスンと態度を変えてどこかへ去っていくかも。魔法の呪文になり得るか……?!

ロケしたのはこちら！

cos：mura PLUS店

ネタの対応とは真逆！ 洗練された見やすい店内で、ゆっくり自分のペースで見て回れる日本式接客の韓国コスメ店です。僕が“りょうこちゃん”になるのにマストのCLIOのKILL COVERクッションファンデーション、3CEの9色アイシャドウ、rom&ndのティントも売ってるよ！

住 東京都新宿区百人町1-4-16 内藤ビル
☎ 03-6205-6089
営 10時〜22時 不定休

028

タクシー運転手、当たり前のように乗車拒否する

＃どこまで？

＃そこは行きたくない

いや、そこは行きたくない、じゃないから！　と突っ込みたくなるタクシー運転手さん、いますよね。勤務終了間近で、家から遠ざかるのがいやなのか、気分じゃないのか。とにかく日本ではありえない話なので、たまに韓国でタクシーに乗ろうとするとそうだった、こんな感じだったとハッとします。おもに一般タクシー（シルバーかオレンジ、個人タクシーは白）、無事故でドライバー歴10年以上の模範タクシー（黒塗りでゴールドのラインに모범（模範）の表示）、英語や日本語が通じるインターナショナルタクシーなど。終電後の観光地に出没するCALL VANやVANと書かれた黒塗りのタクシーは無許可なので乗らないようにしましょう！　空港からホテルまでの定額を提示してくるタクシーも、領収書が出ない場合が多いので要注意！

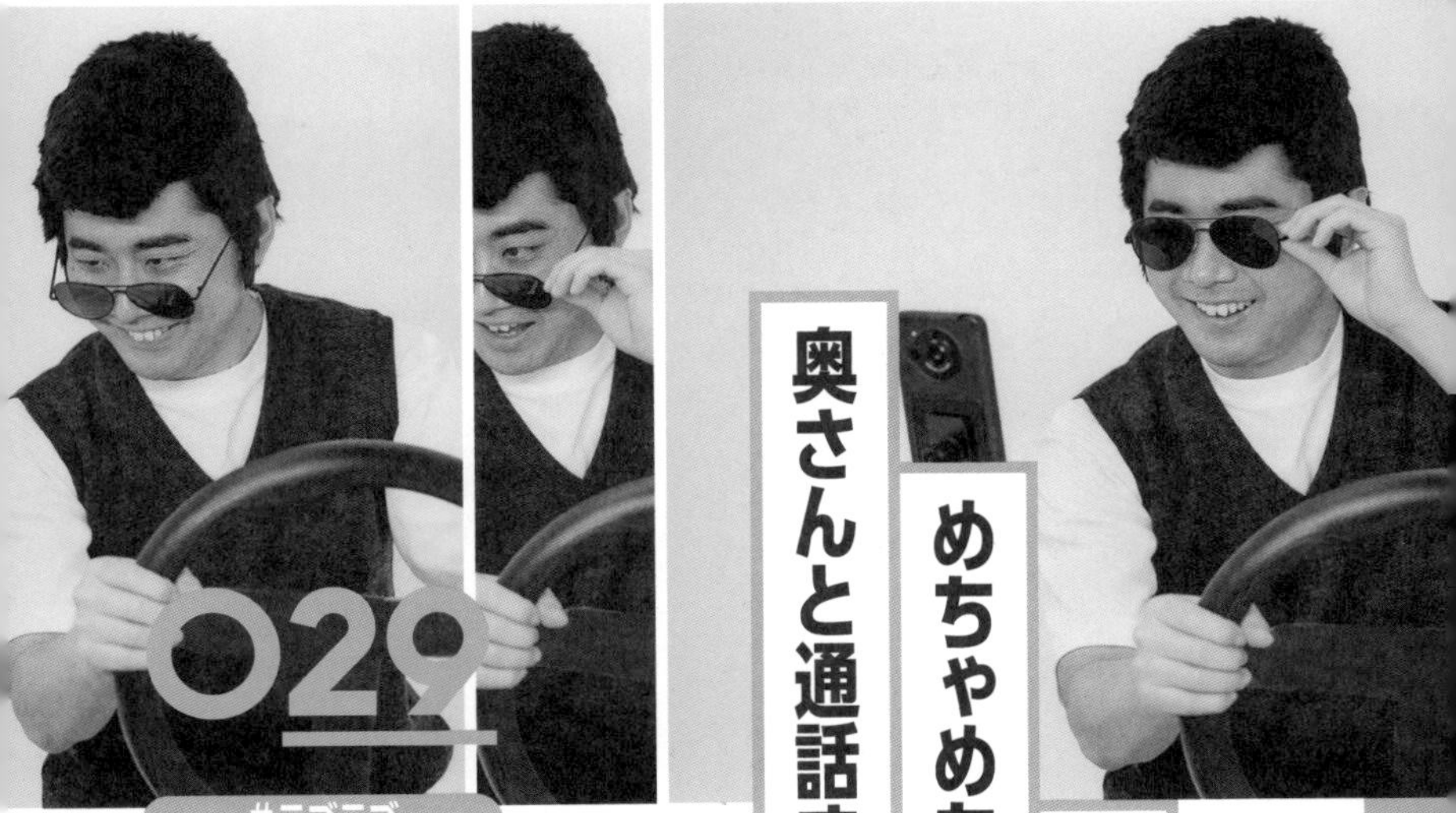

029

タクシー運転手、めちゃめちゃ奥さんと通話する

#ラブラブ
#今日のごはん何？
#あの青いスポンジ何？

タクシーに乗車中、突然ドライバーさんが誰かとプライベート通話を始めた、という経験がある人けっこうたくさんいると思います。その相手は、高確率で奥さん（♡で登録しがち）。カーナビ代わりに固定したスマホで、時にテレビ電話まで始めてしまうからびっくり。もうちょっとで終わるよ～なんて話していたりして、事故らないか後部座席でヒヤヒヤしちゃいます。そりゃ、乗車拒否もしますよね。ちなみに、韓国のタクシーや車によくついている青いスポンジは、開閉のときに車を傷から守るためにつけられているものです。

030

もうすでに売れていて申し訳なさそうに早退する韓国芸能学校の学生

#いやみなまでに

#感じがいい

借りたのはこちら

韓国制服レンタルYangiri
住 東京都新宿区百人町2-11-13 尚美ビル 4F
☎ 080-7333-0712 営 9時〜18時（最終受付17時）
休 火曜 **レンタル料金** 90分¥3,300〜（学割¥2,300〜）、1日¥4,300〜（学割¥3,300〜）

芸能大国・韓国には、歌やダンス、芝居をメインに学べる芸術系の高等学校が多数存在します。たくさんいる生徒のなかでも、売れるのは一握り……そんな羨望と嫉妬が渦巻くなかでの早退は勝者の苦悩でもあるのかな、と思います（勝手な想像）。そんな若き才能になりきってみました。僕は「ソウル公演芸術高校」の冬服風、辛子色の制服をチョイス！

誕生日はケーキより わかめスープ

031

韓国では出産後、滋養と強壮のために1カ月わかめスープを食べるとよい、とされているところからきた習わしのようです。誕生日の朝にわかめスープで食卓を囲むことで、子は母親に感謝し、母親は生まれた時のことを懐かしむ、そんな思いが込められているそう。

#誕生日の朝ごはん

#産んでくれてありがとう

無料のお通しで卓がいっぱいになる

満腹で返したい店と残したくない客の静かな攻防

とにかく食を大切にする国民性。お腹いっぱいにさせて帰すのが礼儀とされているから、おもてなしの熱量と質量がすごい。メインで頼んだ純豆腐が来て、6種類くらい小皿が来て、そしてまた小さい純豆腐が来たりして、もう何を頼んだか自分でもわからなくなったりします。お客さんが食べきれず残すまで出す、という使命のもと、小皿は完食するとつぎ足される仕組みなので無理して食べなくてOKです。

ロケしたのはこちら！

ジンコゲ

まるで韓国にワープしたかのような雰囲気のお店で、本場の刺し身料理を味わえるジンコゲ。生簀から出してしめたばかりの鮮魚を使った料理はどれも絶品！ あたたかいオモニのホスピタリティの高さもまた魅力です。僕もよく行きます！

住 東京都新宿区大久保2-19-10 東和1F
☎ 03-3203-6773
営 11時30分〜翌日4時（LO翌日3時）
不定休 ※事前の電話予約をおすすめします。

032

#サービスがすごい

#おかわり自由

お箸がないので頼むと、無言で箸とスプーンが入った引き出しを開けて去っていく店員さん

033

#ここにあったのか

#大概無愛想

そんなわけで（前頁参照）、机の上は頼んだものとそうでないものでごった返します。だから韓国では、箸（チョッカラッ）とスプーン（スッカラッ）を卓の引き出しに収納してスペースを確保しているんじゃないかな。お店で聞く前に、卓に引き出しがないか確認してみましょう！

ちょいあり

034 深夜自分の世界に入っているコンビニ店員さん

#ヘッドフォンで
#がっつり音楽聴いてる

客足もまばら、というならわかるのだけれど、結構お客さんがいてもお構いなしなバイトの青年。最近では店番中に自身のTikTokを配信し出す若者もいるんですって！

ちょいあり

035 1＋1

#ONE PLUS ONE
#1個買ったら1個無料

1個分の価格で、同じ商品が2個買える、という謎のプロモーション。つまりは半額、ということです。在庫の余剰を捌《さば》けさせる策なのかわかりませんが、コンビニで買い物するときはとりあえず1個だけでいいんだよな、ということが多いです。

ややあり

036 レジの下でご飯食べてる東大門ミリオレの店員さん

#鍋パーティ
#うっすらスンドゥブのにおいの服

深夜までやっているから、夜ご飯のあとでもショッピングを楽しめるミリオレは、ソウルを訪れたら必ず行きたいスポットのひとつ。こんなに近代化が進んでも、どこか懐かしさを残す雑多なレイアウトも異国情緒があっていいですよね。店員さんが見当たらないときは、大概レジの下でご飯中。ガスコンロを駆使した店先とは思えない大掛かりな食事スタイルに度肝を抜かれます。ちなみに、値下げ交渉がうまく行かない場合、「他のお店も見てきます」というと安くなるかも!?

ドラマ編　Part.2

キムチ漬けで ヒロインの実家の 洗礼を受ける御曹司

韓国の秋から冬にかけての風物詩でもある、キムチ漬けイベント。各家庭それぞれにオリジナルの味があるからこそ、やり方もスタイルも様々。そんな独自ルールだらけのキムチ漬けは、よそ者が気まずさを乗り越えて義実家へ誠意を見せるための〝禊《みそぎ》〟として描かれることが多いのだと思います。普段は誰もがかしずく御曹司だって、このときばかりは赤子同然。適当なユニフォームを雑にあてがわれ、所在なさげにやり過ごす様はなんとも胸が痛みますが、女性視聴者からするとイケメン×ダサい服は萌えポイントのよう。やたらと似たようなシーンが多いのも腑に落ちました。

#気に入られたい一心で

#ダサい服に身を包む

037

スマホが悪役に渡っているのに、
相手を確認せずに
大事なことを話してしまう

ややあり

038

緊迫感とのギャップが滑稽な失敗もイケメンだからオールオッケー！

#もしもし？　#急ぎすぎ

　主人公かヒロインが落とした携帯電話は、かならず敵の手元に行く運命。韓流ドラマにおいて、おきまりのヒヤヒヤシーンです。スマホを無くしたことに気がついた主人公は急いで店の電話を借りたり、公衆電話から自分や恋人の番号にかけるわけですが、無言。そこに焦りもあって大事なことをつい捲《まく》し立て、秘密情報を公開してしまう。わずかな沈黙のあと、「……ありがとう」と嘲笑する悪役に対し「ふざけるな！」とブチギレる主人公。罠にかかったわけではなく自らハマっていっているという、冷静に見ると最高におもしろいシーンなのですが、格好がつくのはイケメンだからでしょうか。ちなみに、大人気ドラマ『愛の不時着』でも、ヒロインのユン・セリ（ソン・イェジン）の携帯で、近いシーンがありました。凍りつくリ・ジョンヒョク（ヒョンビン）の顔、地下駐車場にこだまするユン・セリの声……。ご結婚・ご出産、おめでとうございます！

おおあり

039

寝顔を見て好きという気持ちを確認する主人公

付き合ってもいない男女がどういう状況で寝顔を見ることになるのかという疑問はさておき、とにかくよく見るこのシーン。映画『猟奇的な彼女』では、ひょんなことでモーテルに泊まることになった2人がその出来事をきっかけに付き合い始めるという展開がありました。他にも学校や職場での居眠りを目撃、病院で昏睡状態のところを看病する、などいつもは強い人の素の部分がさらけ出されたとき、物語が動いたりするのです。あの時、実は寝ていなかった、というあざといパターンも。

#いちかばちかキスしてみる

#だめでしょ

 ややあり

天気は主人公の心を表している

#雨のシーンは大概スローモーション

040

雨は悲しみ、雷は怒りなどを表す演出。1回目を見ているときにはそこがリンクしていることに気がつく人は少ないはずですが、何周かするうちに「あれ？もしかして？」と気がついて伏線にハッとしたりするのも韓国ドラマの楽しみ方のひとつです。

#だいたいグッズ化

#けっこう売れる

041

ぬいぐるみに恋愛相談する

ドラマがきっかけでバズりキャラが生まれるほど、注目度の高い劇中ぬいぐるみ。UFOキャッチャーで取ったり、露天で買ったりと気軽に登場する割に、下手したら脇役よりも露出しているなんてことも。ある時は抱きしめられ、またある時は殴られ、隠され……だいぶエキセントリックな扱いを受けるぬいぐるみはヒロインのよき相談相手であり、彼そのものだったりするのです。

ややあり

ビンタされたら鼻で笑う

042

#怒りすぎても

#逆に笑う

怒りが沸点に達したときに感情がバグってしまうのか。いや、余裕だし？と強がるために笑うのか。とにかく男性も女性も、韓国ドラマの喧嘩は、挑発めいた半笑いから始まるといっても過言ではありません。

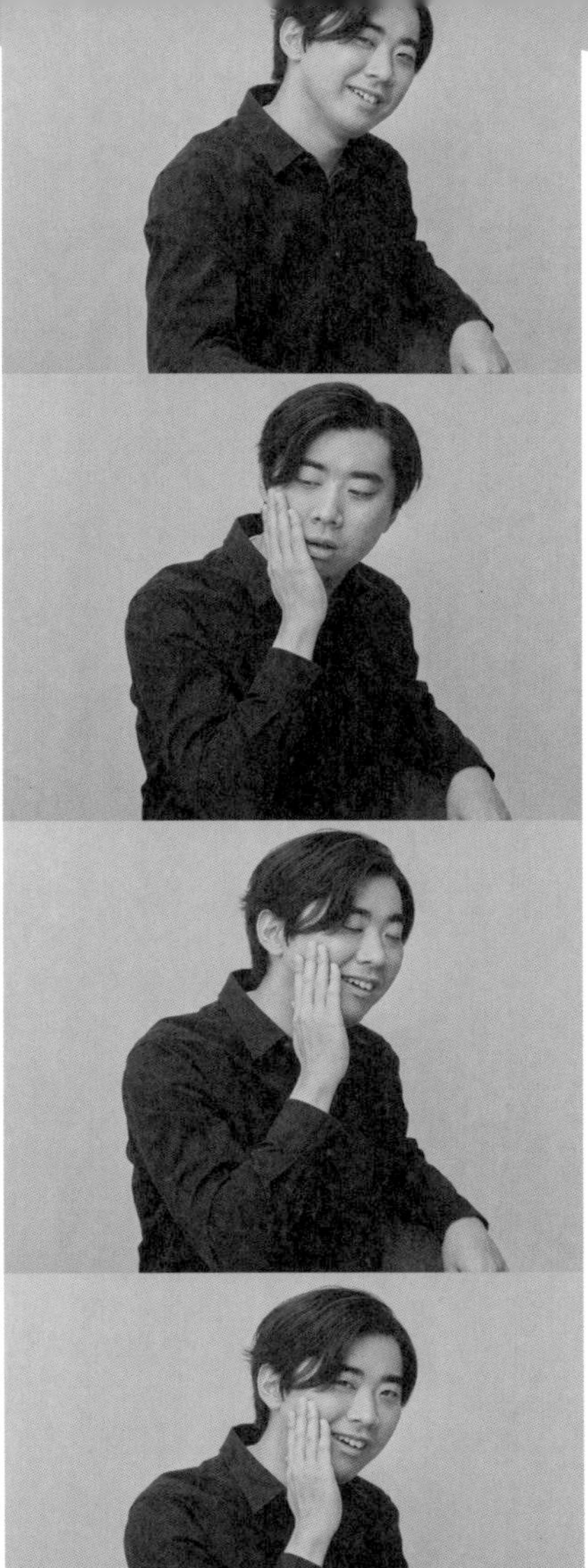

ややあり

すぐDNA鑑定する

#好きな人が

99%

　韓国ドラマと切っても切れない関係のＤＮＡ鑑定。すごくカジュアルに採用されているのは日本人の僕からしたら衝撃でした。諸説あるようですが、朝鮮戦争により親戚や家族と突然北と南に生き別れてしまった、という歴史的背景から家族探しの一つの選択肢として割と定着している、という理由があるそう。ドラマでいうと、古いドラマになればなるほど血縁オチ率は高まります。兄妹かもしれない、という設定は多用しすぎたからか一時は減りましたが、最近では『彼女の私生活』のクライマックスで久しぶりに登場しました。

ついに明かされる出自。
勘違いパターンを祈り倒す

043

嫉妬と不安に駆られて なりふり構わずどこまでも

#気に入られたい一心で

#ダサい服に身を包む

044

彼女への尾行が下手すぎる

着ぐるみ、段ボール、怪しいグラサンマスク。とにかくそこにあるものを利用して身を隠している気になっているのは本人だけ。逆に人目を引き、目立っているというコミカルなシーンです。『美男ですね』では、カン・シヌ（CNBLUEのジョン・ヨンファ）がバレバレの変装でヒロインのコ・ミナム（パク・シネ）を尾行するシーンが素敵すぎる！　とリアリティと再現性度外視で話題になりました。結局イケメンなら、何したって許される。そんな美の暴力も韓ドラならでは！

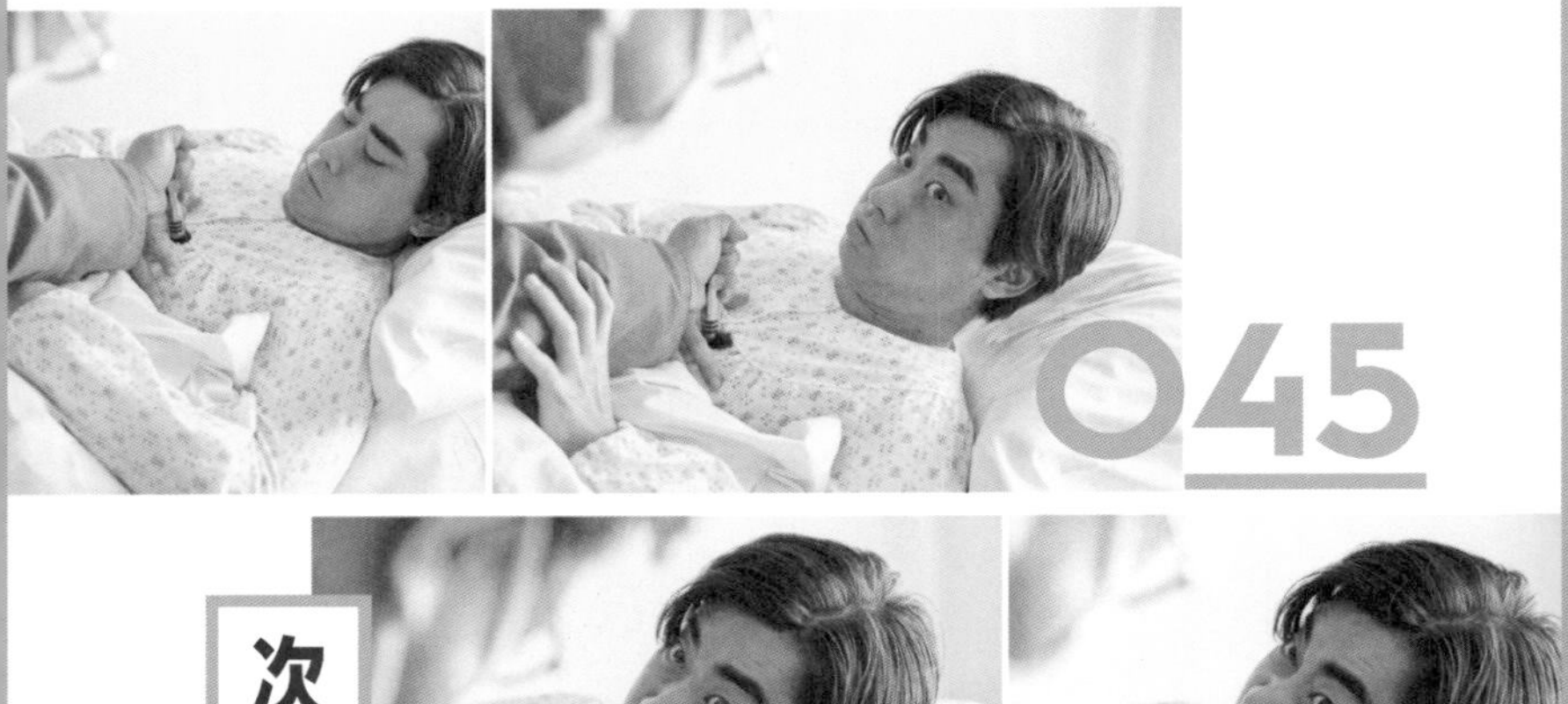

045

次回予告で生きてる

#死んだと思ったのに

#生きてるんかい

韓国ドラマは週2回放送。想像を絶する過密スケジュールで演者もスタッフも満身創痍のなか製作されています（主演の2人の肌が、どんどん荒れていくのがその証し）。だからかはわかりませんが、次回予告の作りがとにかく雑。おそらく次の放送分がどこまでならネタバレしないのか、チェックする余裕がないのではと推測しています。三番手が刺されて終わったのに、次回予告に包帯を巻いて笑顔で登場していて、実は命拾いしていた、というところまでわかってしまったときはちょっと落ち込みましたね。予告が予告を越えちゃってる。最近は配信で見ることが増えて、そんな製作側のうっかりトラップにハマることなく、随分気が楽になりました。

次回予告の内容が次回にない

#今度は

#足りない

先ほどのあるあるの逆バージョン。撮り溜めした中からの切り取り失敗や、予告製作が間に合わずとにかく過去の未公開シーンで繋ごうとする無理矢理な手法も散見します。もはや予告が予告じゃない。そんなツッコミどころ満載の韓国ドラマを僕は丸ごと愛しています。

キムチ漬けてるおばさんは
すべて見ている

#この街のことは

#全部知っている

047

敵に回してはいけないのは、チンピラよりもおばちゃん

おばちゃんを隠すならおばちゃんに隠せ。という具合で、漁港や商店街のなかにいるたくさんのおばちゃんの中に一人だけキーマンが潜んでいるという展開。一見すると寝ぼけた感じなので、悪役もつい気を許して秘密を暴露してしまう。ところが実のところ頭はキレキレで、それが事件解決に大きく貢献する、なんていう表彰状もののファインプレイをかますおばちゃん。百戦錬磨のバイプレイヤーが豊富に揃っている韓国ドラマ界だからこそ、そんな絶妙な役どころが光ります。

048

栄養ゼリーのスティックをあめちゃんのように配る

#おひとつどうぞ

おばちゃんでもうひとネタ。コミュニケーションの鬼ともいえるおばちゃんという生命体は、ところ変われどちょっとしたものと引き換えにネタや噂話を仕入れるものなんだな、と思ったシーン。

ちょいあり

049

#よいこは真似しないでね

リモコンが切れると乾電池を噛む

テレビを叩くのと同じくらい真偽は疑わしいけれど、案外よく効くというこの技。家電の民間療法的立ち位置で、古いドラマを中心によく見るシーンです。

#メンズが多い　#ヤ！キムサムスン！

050

怒るとフルネームで呼ぶ

韓国の苗字は約３００種類しかないって知っていました？　意外に多いな、と思っても10万を超えるという日本の苗字に比べたらとっても少ないですよね。実際、金（キム）さんだけで全人口の５分の1ということは、ちょっと佐藤が多いな、くらいではすまないくらい金さんだらけなわけです。苗字で呼んでもそこにいる大勢の人が振り返ることになってしまうため、確実に言葉を届けたいときはフルネームで呼びかけるのが正解。そんな流れもあって、怒るときは力が入ってフルネームになりがち。そう僕は推測してます。

やや あり

衣装のマークやロゴ、黒ガムテかモザイクで隠す

051

#多分ミッキーマウス

#多分MARVEL

　隠すくらいなら着なきゃいいのに！　と思わずツッコミを入れたくなるこの現象。わりとシリアスなシーンでも、雑な著作権対策が気になって物語が頭に入ってこないというザワつき案件です。最近ではあまり見ませんが、昔のドラマでは隠すのが当たり前。中には倫理的な対策なのか戦闘シーンの刀にモザイクがかかっていたこともあって思わず笑ってしまいました。他にも、ワイングラスが引くほど汚くて興醒めする、ガンマイク入っちゃってる、スタッフ見切れちゃってる、なんていうことも。最近の洗練されたドラマもいいけれど、そんな手作り感満載の昔の作品は、何度見ても癒やされます。

いつでも撃てるのに なかなか撃たない悪役

052

#口上が長い

#おいたちから振り返り

体やメンタルが疲れているときは、悪人がただの一人も出てこないほのぼの系ドラマに走りがちですよね。でも、実は韓国ドラマの真骨頂は悪役にあり！　と言い切れるほど、アクションやサスペンス系のクオリティが高いんです。登場する犯人は同情の余地もないくらい悪いのですが、なぜここまで悪の道を極めるのか、といった言い訳を武器を片手に語り始めます。もはや撃つ気はゼロなんじゃないかな、というくらいに話に熱中し、囚われのヒーローも不思議とそれに聞き入ります。

ややあり

053

ナイフを素手で掴みに行く

韓国ドラマでは血が重要な役割を担います。DNA鑑定などの血族的な意味合いも含みますが、このあるあるは視覚的な血の話。目に見えてわかりやすい赤い鮮血をあえて自分から流しにいくことで本気度を示し、相手を牽制し動揺させる効果があるんですね。グラスを割ってさらにそれを掴む、流血するまで壁を殴り続ける、など狂気の表現はさまざま。『花郎〈ファラン〉』ではムミョン（パク・ソジュン）がチヌン王（パク・ヒョンシク）の持つ刀を素手で握りしめて制止し、ドン引きさせるシーンがありました。

#え？

#何で？

ややあり

054

病院の加湿器が強すぎる

#放送事故級に

#顔が見えない

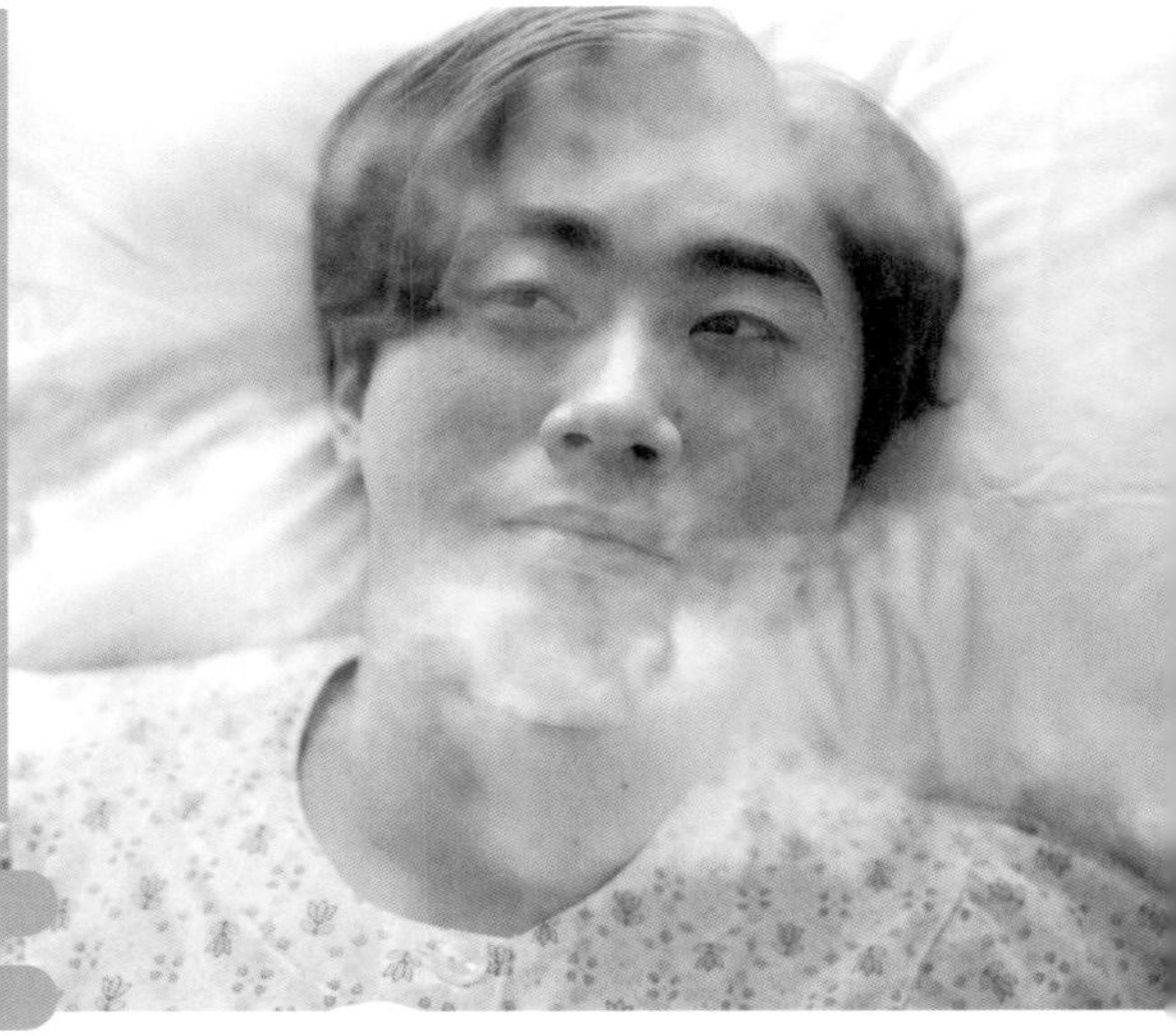

入院シーンで必ず登場する加湿器。確かに韓国の冬は乾燥がひどいので必需品ではありますが、とにかくその蒸気の量が尋常じゃない。せっかくの主人公の顔がよく見えない、なんてことも、おおげさじゃなくあるんですよね。

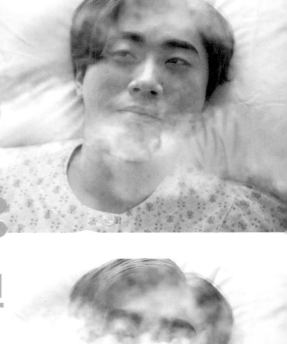

ちょいあり

すぐ点滴を抜いて走り出す

#守りたいのは
#健康よりオマエ

点滴、酸素マスク、脳波測定器、心電図の端子、自分を繋ぎ止めるありとあらゆるものをむしり取り、ヒロインを助けに舞い戻る姿はかっこよさを通り越した狂気を感じさせます。そして律儀に、ちゃんと着替えていくんですよね、私服に。

055

#このときを

#待ってた

056

昏睡状態から目覚めるとき、まず指から動く

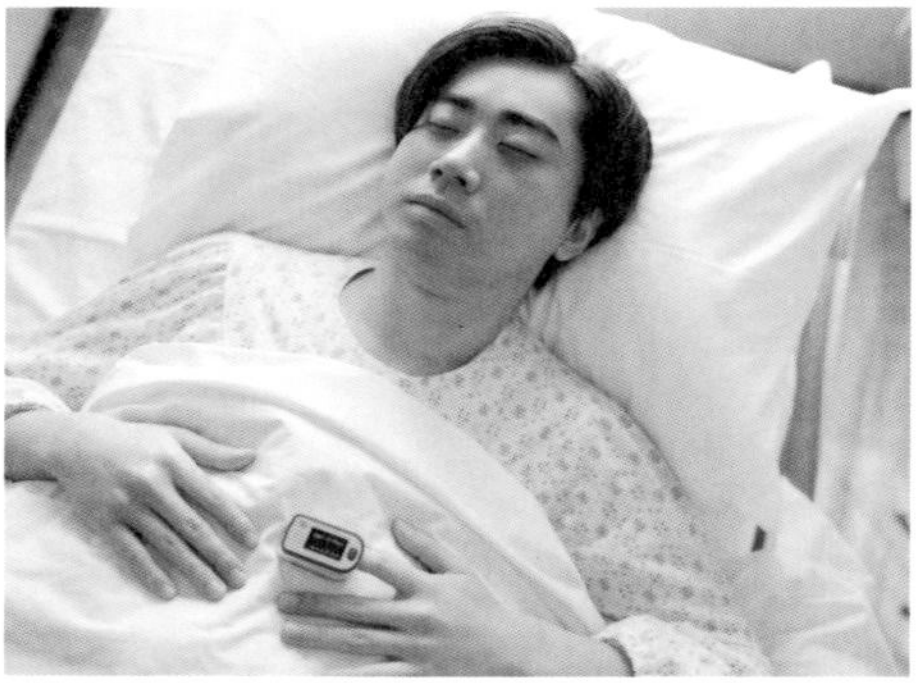

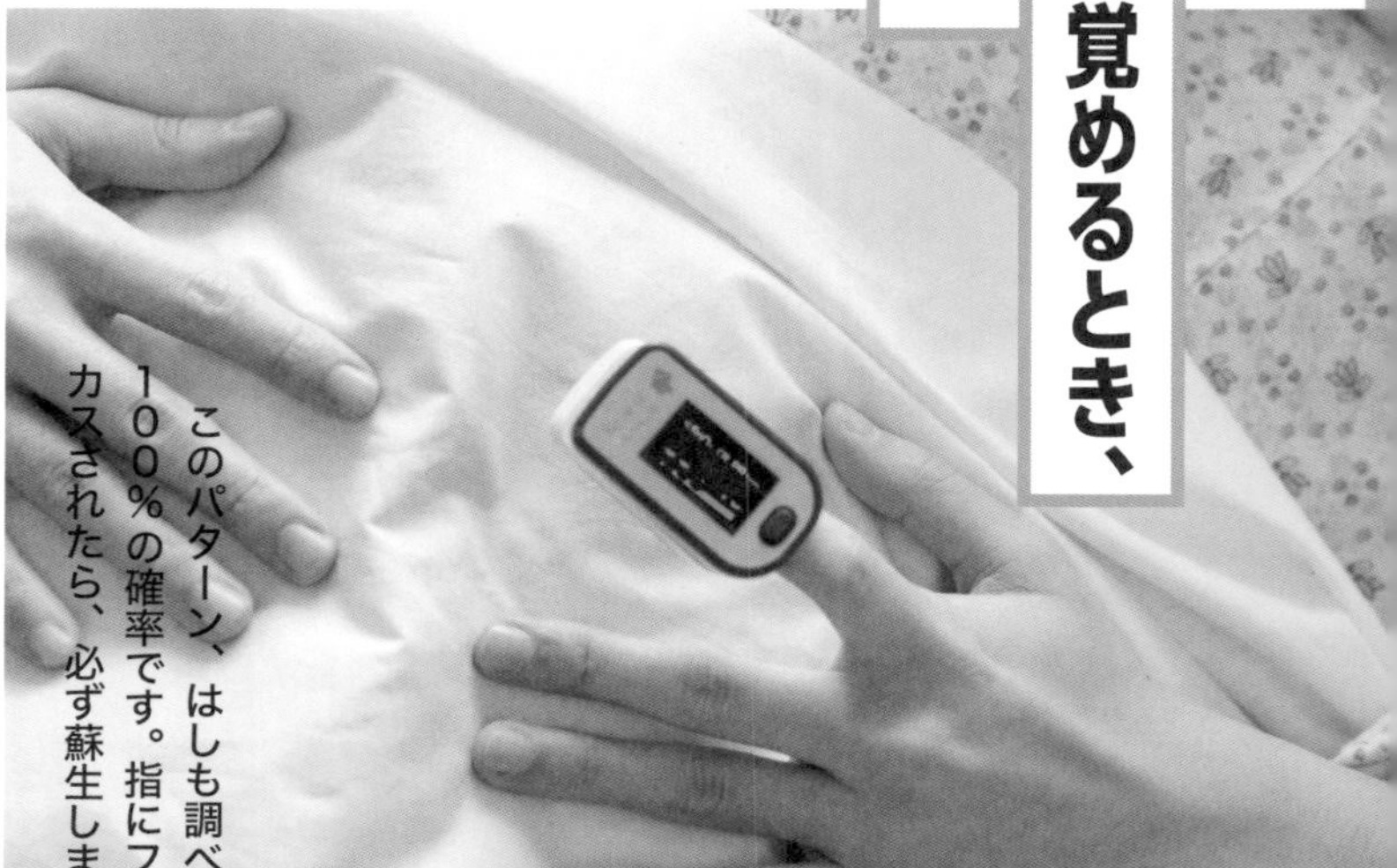

このパターン、はしも調べでは100%の確率です。指にフォーカスされたら、必ず蘇生します。

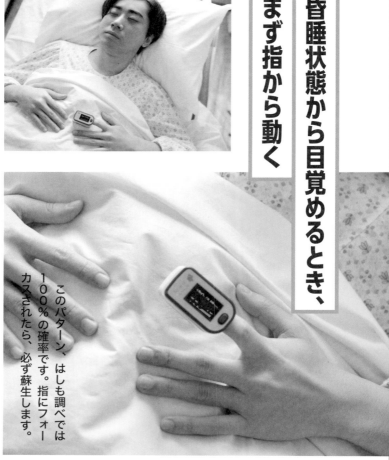

057

昏睡状態のヒロインを輸血だけでいとも簡単に治してしまう主人公

#いやいやいや

輸血パックを使わずに、人to人に輸血することって本当にあるんでしょうか。そんな車のバッテリーじゃないんだから、と突っ込みたくなっちゃうあるあるシーンです。そして、そもそもなんで輸血したんだっけ？というくらい、バンパイヤ級の速さで元気を取り戻すヒロイン。

可愛い顔とマッチョのアンバランスがたまらない!?

058

謎のシャワーシーン

#はしもの

#いらん

ラブコメでの定番あるある。主人公のイケメンは、作品中必ず1回脱ぎます。ポイントは、本当に1回だけ。しかもほとんど脈略なく脱ぎますので、心してお待ちください。ファンの女性からするとサービスシーンですが、僕はいまだにどう見たらよいかわかりません。兵役から俳優復帰したての仕上がった体で、せっかくグルメならぬせっかく脱ぎする傾向にあります。『太陽の末裔』で突然のシャワーシーンを披露したソン・ジュンギ、『ヴィンチェンツォ』での悪役出演が話題になった2PMのテギョンたちがその好例です。

ややあり

059

体調が悪いと膝掛けをするオンマ

#唇にファンデは

#死のフラグ

膝掛けをする、髪を片側に寄せて結ぶ、元気になったら一緒に出かける約束をする。残念ながらその三拍子が揃うと、お母さんはもう……。わかってはいても、切ないシーンです。『海街チャチャチャ』でシン・ミナが演じた主人公ユン・ヘジンの幼少期でも、そんなオンマが回想に登場しました。つらい過去の描写があってこそ、より深みのあるキャラクターが完成するんですね。

060

病院で赤ちゃんが入れ替わる

ご想像どおり、傾向としてはドロドロ度MAX。気力・体力ともに持っていかれること必至なので、見るときはご覚悟を。『秋の童話』、『ペントハウス』など。

#ずさんすぎる

#看護師さんしっかりして

番外　新大久保編

気軽に行ける、
身近な韓国・新大久保。
食・コスメ・エンタメ……
すべてが揃うこの街も、
おもしろあるあるの宝庫です！

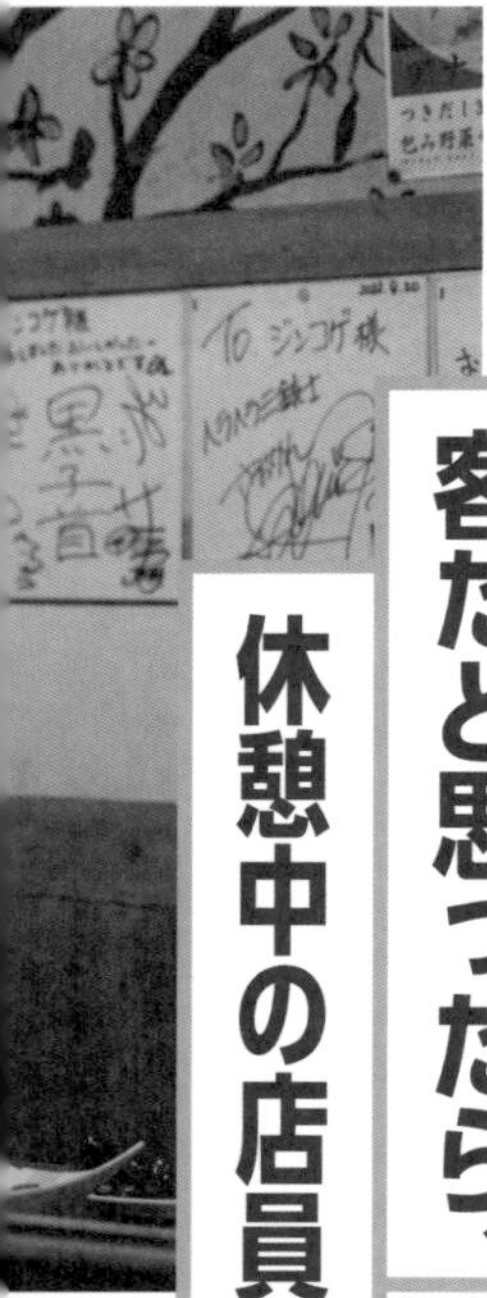

客だと思ったら、
休憩中の店員さんだった

#え、お酒飲んでる!?

#え、スクールゾーンのサインある!?

061

アイドルタイムでもないのに、堂々と客席に座って食事をとるのも韓国料理店あるある。お店に入って店員さんがいないと思ったら、だいたいモニターでユーチューブ見ながらお昼ご飯中です。

おおあり

不安になった瞬間に来てくれる店員さん

#トングはオレのもの

#怒っていると思ったら怒っていない

062

一度請け負った肉は決して焦がさない職人魂

日本の焼き肉とは違い、基本店員さんが焼いてくれるスタイルのサムギョプサル店。手を出すのはいけないような、でも焦げそうと不安になったその時、救世主のように颯爽と登場するお兄さん。体内時計でもあるの？と驚くばかりに正確に、ちょうどいいタイミングで裏返しに来てくれます。

(짜장면)

お会計間違えたと思ったら ファブリーズかけてくれるだけだった 店員さん

お会計を済ませた後に困ったような表情で呼び止められたので、あれ、足りなかったかな？と戻るとファブリーズ忘れてるよ！　と吹きかけてくれる店員さん。匂いに対するケアが手厚いのも、韓国式焼き肉店の特徴です。

#呼び止められたけど

#ただの優しさだった

063

誰だかわかってないのに とりあえずサインをもらっておく店員さん

#有名ですか？
#って僕に聞かないで

064

とりあえずサインをもらう。そして飾る。おそらくあの壁一面のサインの中には、「有名人じゃありません」と言い出せずにノリで書いてしまった一般の方の署名も、紛れているはずです。それくらい、一か八かで色紙とサインペンを差し出してくる店員さん。中には「あなた、有名人ですか？」って単刀直入に聞いてくる人も（!）。

韓国旅行前にとりあえず新大久保で整えておく女子

065

#実は現地より

#口に合う

韓国旅行を目前にしたら、誰もがハイになりがち。計画を練ろう！とガイドブックを片手に軽い気持ちで新大久保に集うのですが、日本人の舌に合わせてくれているからか、とにかくおいしい。現地の本格的な味もいいけれど、新大久保グルメもあなどれません。

ロケしたのはこちら！

新大久保韓国横丁 ▼

屋台からサムギョプサル、シャンパンバーにカラオケなど12店舗が軒を連ねた室内型横丁。韓国の今を詰め込んだ、映える店内は友達と行ったら盛り上がること間違いなし！ フードコート形式で、どこに座っても好きなお店で注文できるのもうれしい。

住 東京都新宿区大久保2-19-1
セントラル大久保
☎ 03-6205-9910
営 11時～翌日5時（LO 翌日4時）
※一部店舗除く　無休

勇気を出して韓国語で注文しても日本語で返される女子

#チャミスル、ハナ、ジュセヨ

#はい。チャミスル、1つですね

066

韓国語を習い始めたら、とにかく使いたくなる。実践に出たくて韓国人の店員さんに思い切ってハングルで注文したら、すげなく日本語で返されてもう帰りたい……となっている人、よくお見かけします。試すなら、ソウルのローカル店に行くまで、温めておくことをおすすめします。

067

#え、今、笑ってる？

排気ダクトで友達の顔がまったく見えない韓国料理店

「久しぶりにメシでも行こーぜ」と集ったのに、全然顔が見えない。笑っちゃうほど見えない。元気そうだし、まあいいか。それより排気ダクトが卓上にあるだけで、服への匂いの付き方が違いますから。

#バケハはマスト

#いや、誰も見てないよ

068

プライベートのK-POPアイドル感を出して新大久保を練り歩く会社員

「あの人もしかして、○○じゃない?」なんて女子にヒソヒソされたい願望。NERDYのジャージー、バケットハット、黒いマスクさえあれば、K-POPアイドルの休日風スタイルが完成します。節目がちに歩く、飲み食いの際はマスクを下げてすぐまた戻す、これを徹底すれば、女子はもしかしたらお忍びのスターと隣り合っちゃったかも?と夢と希望が膨らみ、メンズは誤差の範囲内でイケメン認定され、自己肯定感が上がるというウィンウィンの関係が保てます。※決して顔は見られないように注意!

069

お土産を買い忘れても、新大久保で買える

ちょいあり

#本当に　#何でもある

旅先で荷物を増やすより、帰国後新大久保で買う、というのも合理的な選択肢。ただし、やはり商品は現地よりなんでも割高。買い忘れたときの駆け込み寺にしておくのがよさそう。渡すときは日本語の商品タグを剥がすのをお忘れなく。コスメショップもよいですが、新大久保にある韓国スーパーにも、現地で買えるディープなアイテムが揃っています。

おおあり

IKKOさんのサイン どのお店にもある

070

#さすが！
#どんだけ〜

新大久保やソウルにＩＫＫＯさんの未踏の地はありません（はしも調べ）。偉大なる先駆者です！　たまに、はるな愛さんも。

ちょいあり

新大久保のパチスロ店には、冬ソナをドラマで見てる人いない

071

#パチスロの冬ソナは
20 連で最終回

韓国ドラマの枠を飛び越えて、ロングランヒットを打ち出しているパチンコ「冬のソナタＦＯＲＥＶＥＲ」。〝記憶喪失チャンス〟、〝緊急入院モード〟、〝事故ったら大当たり〟など、作品内での悲しいシーンやピンチが、パチンコでは勝利のフラグとして登場するらしいのですが……。ドラマファンからすれば卒倒しそうなワードですよね。

おおあり

御曹司の母親に小切手渡されて、強引に別れさせられる

#身分違い

#あの子のためを思って

072

押し売りセールスマンさながらの〝プットインザドア〟テクニックでドアをこじ開け、保身と我が子可愛さのあまりヒロインの思いを踏み躙る御曹司の母親。「あの子のためを思うなら、別れてちょうだい。それもバレないように、自然にあなたから遠ざかって。いくらでもあげるから」と無理難題を押し付けて札束で頬を叩くような言動で視聴者の反感を買う憎まれ役です。対するヒロインも負けていません。押し付けられた小切手を破り捨て金と権力に清貧という鎧で果敢に挑んでいきます。時代劇でもとにかく、〝義母〟は怖く描かれがち。壮絶にいじめ抜く、殺し屋を差し向けるなどやりたい放題。そこまで盛り上げておいて、最終回目前で突然善人スイッチが入ったりするトンデモ展開もあり得ます。

₩10,000,000,000.

彼女を思って眠れない夜は睡眠薬を飲む

#枕元に常備

#水もちゃんとある

御曹司系主人公に多いあるある。何一つ不自由なく生きているようで、実は大きな闇を抱えていることが多いから、とにかくメンタルが弱い！　ちょっとでも眠れないとカジュアルにすぐ飲んじゃいます。

073

074

ものすごい量の寝汗をかいて起きる主人公

#性格曲がるほどの

#トラウマ抱えてる

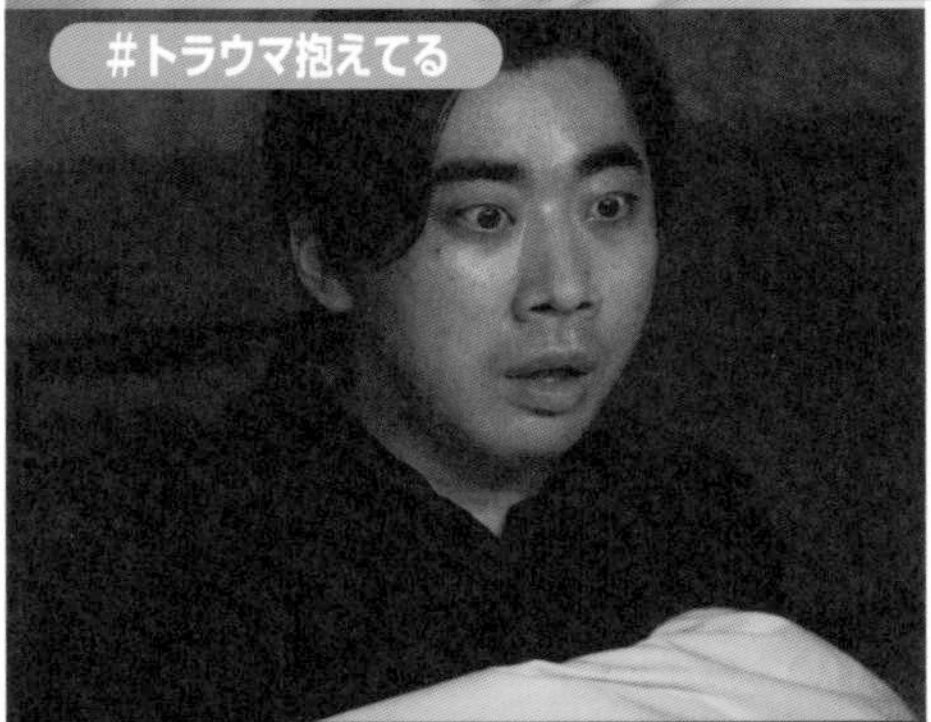

憎まれ口ばかりたたく、人に心を開けない、心から笑えない、など他者とのコミュニケーションが苦手な冷酷な主人公。その裏では壮絶なトラウマを抱え、悪夢にうなされる日々を送っています。そんなガチガチの心を解く鍵はいつだってヒロインが持っており二人三脚で闇と対峙していくなかで絆が生まれるパターンです。

ややあり

075

#男も女も

#三種の神器

芋時代は必ず メガネ、 そばかす、 多毛

コント並みの変装を、主演クラスの俳優が真顔でしちゃう懐の深さ！中学生時代までは子役に頼りますが、高校生くらいからは本人出演で果敢に攻めます。『ピノキオ』のチェ・ダルポ（イ・ジョンソク。そばかすはなかったけど）、『海街チャチャチャ』のユン・ヘジン（シン・ミナ）ほか。

076

3、4個いく

1回に食べる みかんの量が多い

本当に演技中かな？というくらい、みかんを食べる。しかもひと口が大きくて1シーンで3、4個食べている。だいたい聞き役に徹する側の演出ですが、NGを連発されたら、おなかがタプタプになっちゃいそうだなぁと思いながら見ています。ちなみに韓国ドラマでは、みかんだけでなく、フルーツ全般よく登場します。

おおあり

077

#カフェのお冷やは　#いつだってキケン

驚いたら吹き出す、怒ったらかける

2人で向かい合って座るテーブルに置いてあるお冷やは、お笑いにおけるクリームパイのような存在。飲んだら吹き出すし、持ったらぶっかけるの2択です。だからカフェのシーンが出てくると、この場合どっちだ、と固唾を飲んで見守ります。ちなみに水ならまだいいほう。僕が見たなかでは熱々のコーヒー、チャミスル、ビール、スパゲッティなんて変わり種もありました。

立ち直れないほど後味が悪すぎる終わり方

078

#クラシック流れてる

#口に合う

見なければよかった……その後数時間は立ち直れないほどの精神的ダメージを負う作品ってありますよね。韓国ドラマだし絶対最後はキレイに終わるでしょ、なんて油断は禁物です。救いようがないほどに心をえぐられるグロテスクな描写や猟奇的な展開には、必ずと言っていいほどBGMにクラシック音楽を採用。綺麗な布をかけて帳消しにするようでいて、実はむしろ異常性を増幅させている恐ろしい終焉は、その後のメンタルに割と影響しますので、見るタイミングを注意して。

最後は必ず静止画で
提供：SUBWAY

#ついつい
#ウーバーしちゃう

079

　主人公のバイト先として、社員食堂並みに行きつけのランチスポットとして、とにかく作品内でもこれでもかと登場した挙句、最後の文字でのダメ押し。ストーリーの伏線に気がつけないタイプの人も、さすがにこれだけアピールされればＳＵＢＷＡＹの韓国ドラマへの食い込みようがわかるはず。そして見終わると必ず、ＳＵＢＷＡＹが食べたくなっちゃってるんですよね〜。してやられています。

ややあり

トイレの洗面台の前で、水を出しっぱなしで悩む主人公

水を止めるのも忘れてしまうくらい悩んでる、という演出だと思うのですが、とにかく気になる。そしてかなりの水圧で出ている。OSTなんて流れちゃったりしていても、もういつ止まるかだけが気になってしまいます。それ以外にも、髭を剃って違う人生を踏み出す、歯磨きで泡を飛ばしながら思い出しギレする、など洗面台は感情の整理をするシーンでよく登場します。

#とりあえず

#もったいない

080

おおあり

081

#独り言が　#デカすぎる

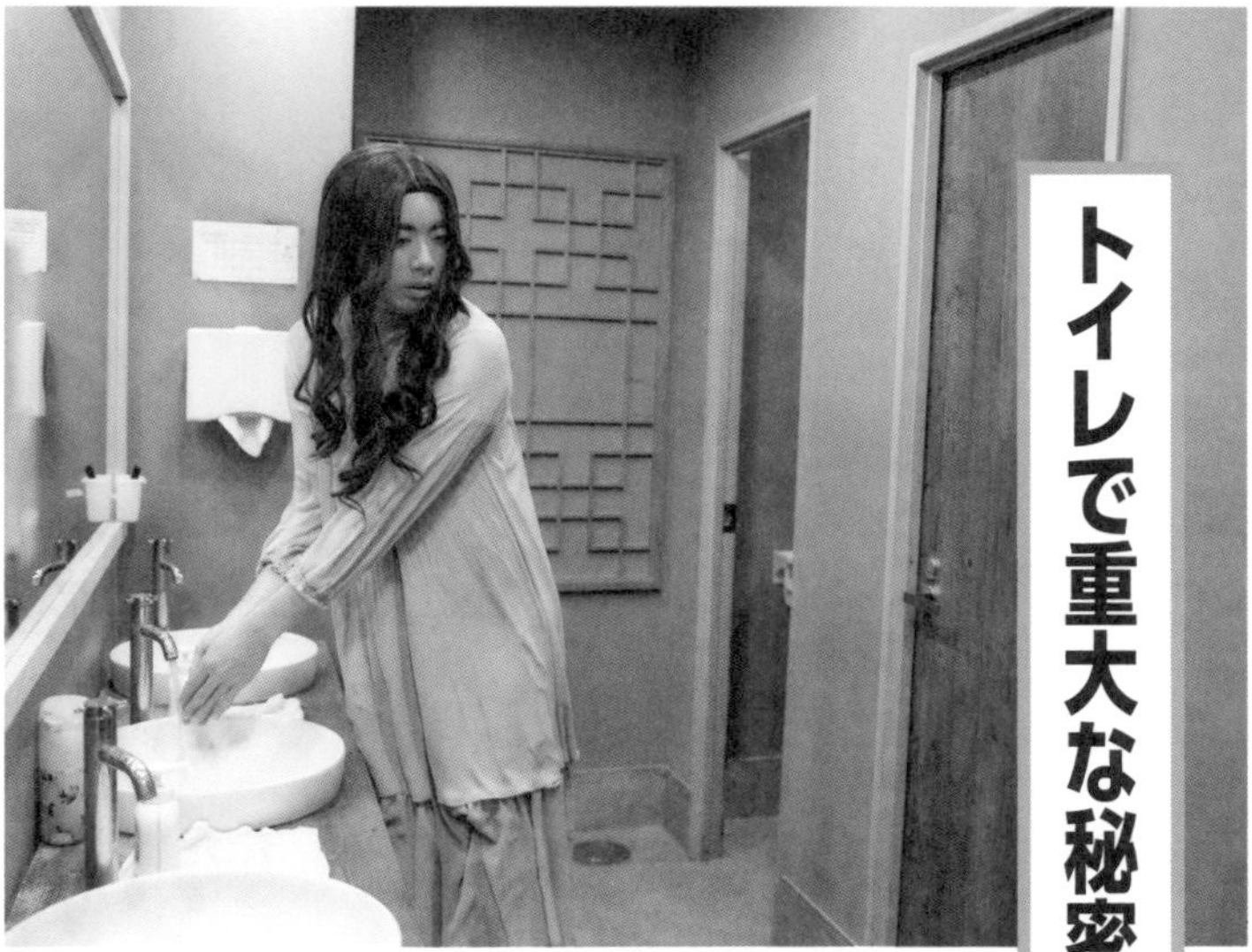

トイレで重大な秘密がバレる

いるかいないかわかりにくい構造のオール個室の女子トイレという環境と、コミュニケーション力の高い女性という最強のコンビネーションで生まれる面白シチュエーション。自宅のトイレじゃあるまいし、どうしてそんな秘密を会社のトイレで話しちゃうの？という責め立ては無粋というもの。個室にも聞こえるボリュームですべてをつまびらかにすることで、噂は伝播して物語を大きく動かします。ちなみに最近やたらとペーパータオルで手を拭くシーンが増えていて、そちらも個人的に気になっています。

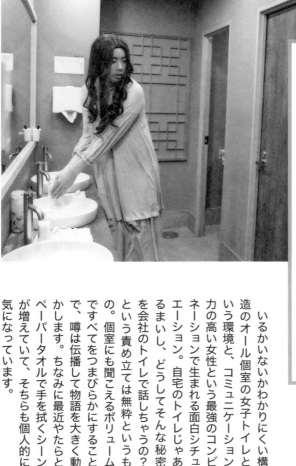

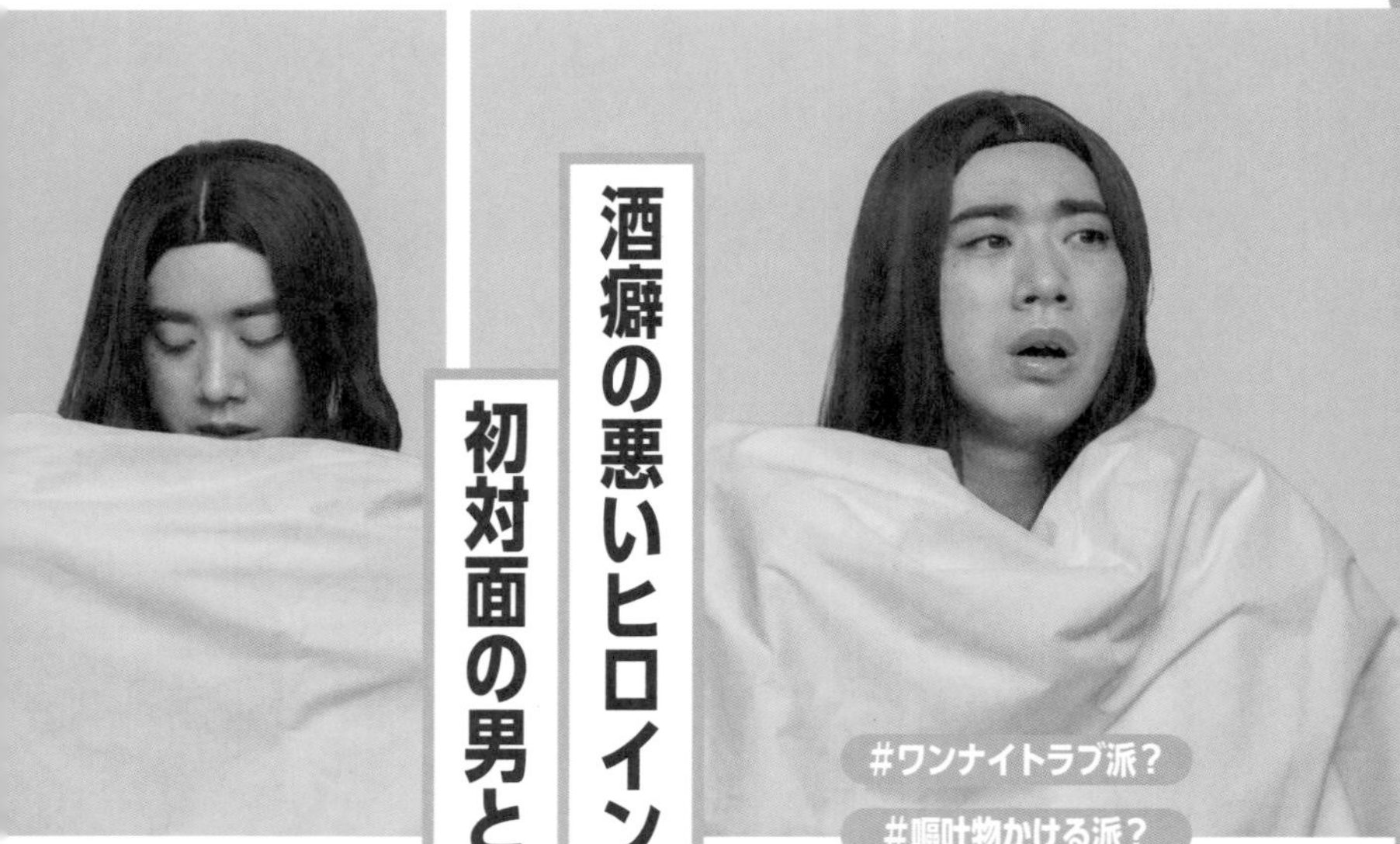

酒癖の悪いヒロイン、初対面の男と飲む

#ワンナイトラブ派？

#嘔吐物かける派？

082

韓国ドラマに登場する女性はとにかく酒癖が悪い。庶民でもお嬢様でも設定はどうであれ、とにかく酒に飲まれます。はしも調べで、癖の出方は2通り。お酒の勢いで一晩を共に過ごしてしまうのは、庶民派ヒロインに多いパターン。自己嫌悪と傷ついた自尊心を抱えて絶望の朝を迎えたヒロインをよそに、物語は好転していきます。『気象庁の人々：社内恋愛は予測不能?!』のチン・ハギョン（パク・ミニョン）とイ・シウ（ソン・ガン）がまさにそれ！　もう一つは二番手の鉄壁美人。お酒が入ると悪態はつくわ、めんどくさいわ、挙句嘔吐をして男性を震撼させますが、普段は完璧だからこそかわいらしく見えるのでしょうか。『社内お見合い』のチン・ヨンソ（ソル・イナ）、『ロマンスは別冊付録』のソン・ヘリン（チョン・ユジン）がそんな役どころを好演！

083

ブティックの試着室で OK、NG出す

#運命の 1 着に出会うまで

#なんでその服で急に

ひょんなことから御曹司のフォーマルな集いに同行することになり、あわててドレスを選びにいくシーンは女性だったら心ときめくシーンなのでは。言われるがまま、清楚系、ゴージャス系、奇妙奇天烈系となんでも試着するヒロインを横目に、御曹司は仕事の電話をしながら次々にチッチと指ワイパーでNGを出していく。うんざりして首を横に振ろうとした瞬間、急に御曹司は恋に落ちるのです。普段はガサツなヒロインが見違える一着に出会った時、一瞬で形勢は逆転します。古い作品では『パリの恋人』、最近では『愛の不時着』で男女逆転パターンが。あるあるシーンに見る時代の変化！

ヒロインは小さい段ボールで退職

どん底に落ちた主人公。でも大丈夫。ここまできたらあとは上がるだけ！

企業への就職が絶対的なステイタスとなっている韓国において、組織からの離脱は転落のメタファー。小さい段ボールに、おそらく備品であるだろうホチキスや可愛いペン立てなどなんでも詰め込んで、両手で抱えとぼとぼと会社を後にする。仕事もお金も恋愛も、すべて無くしたヒロインに、

「もう見ていられない……！」と目を覆いたくなる人もいるでしょう。でもちょっと待って。韓流ドラマではこれがまさに、話が好転するチャンスだったりするんです。例えば、御曹司がヒロインへの愛に気づく、同僚や上司に存在意義を知らしめる。など退職効果は絶大！　ちなみに、幅を利かせていた重役のおじさんが転落するパターンの退職も。立派な役員プレートが小さい段ボールからはみ出す様子に哀愁が漂います。『ロマンスは別冊付録』、『ウ・ヨンウ弁護士は天才肌』など。

084

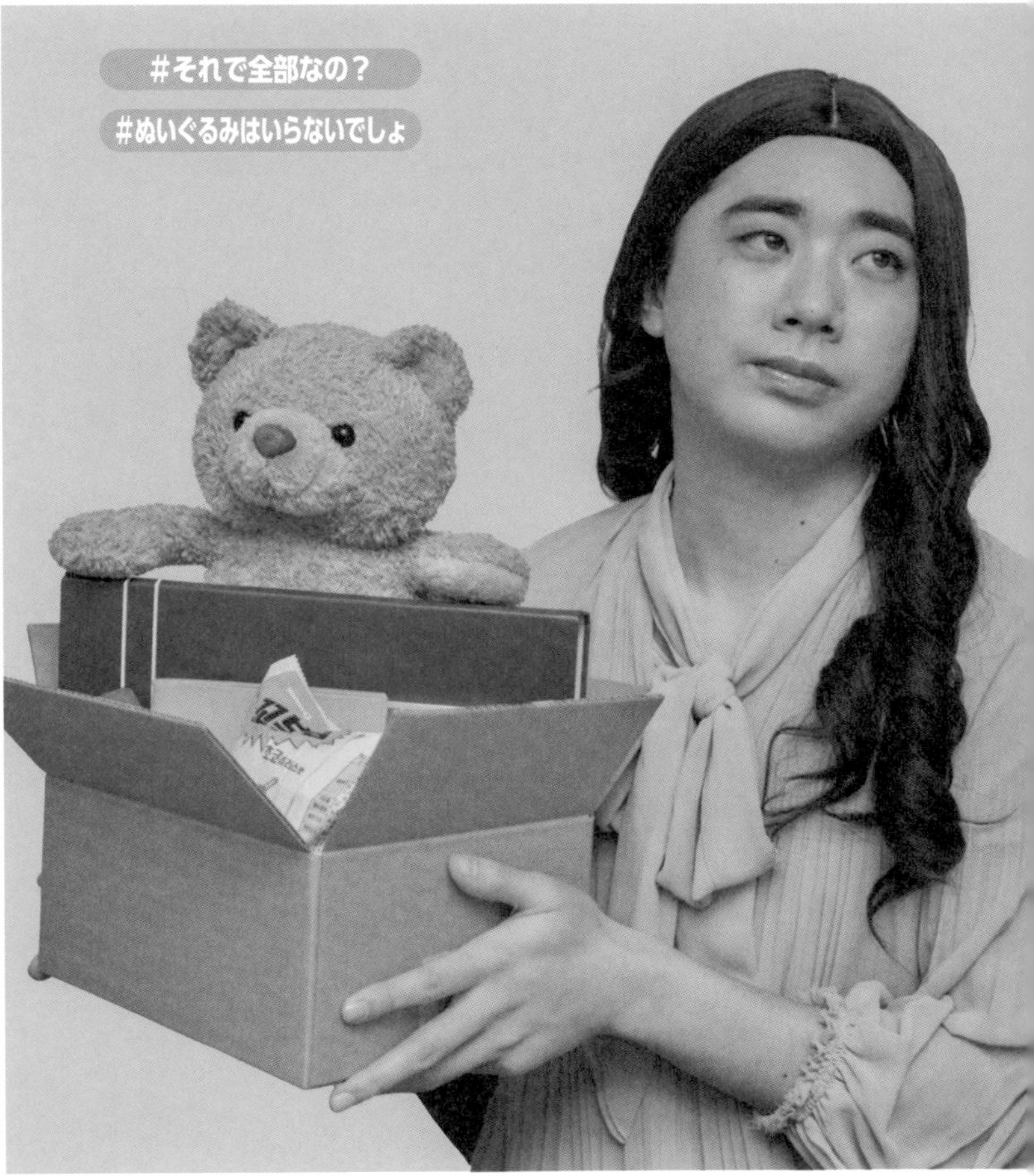
#それで全部なの？
#ぬいぐるみはいらないでしょ

一人で危険な倉庫に助けに行く

085

互いのトイレにまでついていきそうなくらい、片時も離れずにいるラブラブな2人。それでも一瞬のすれ違いや隙を突かれてヒロインは連れ去られてしまいがちです。「女は預かっている。無事に返して欲しければ倉庫まで来い」と、いまどき戦隊モノのヒールも青ざめる雑な呼び出し電話をかけて主人公をおびき寄せることに成功した宿敵。脇目もふらずに走り出し、果敢にもひとりで攻め入る主人公はとてもかっこいい！　のですが、それにしたってあまりにも無謀。たしかにかっこいいけど、ゆっくり考えてから行動したほうが絶対いいと思うのに……。『君の声が聞こえる』『愛の不時着』などでも登場するシーンです。

ややあり

ドラム缶で焚き火してたらだいたい悪党のアジト

#わざわざ焚き火しなくても

#金属バットか角材

主人公が呼び出された先で待ち受けているのは、悪役一座。半分屋外のような廃墟や倉庫で焚き火をし、暖を取りながらたむろするわかりやすい下っ端は大概スカジャンにダメージデニム（もしくは真っ黒いパーカにフードで顔を隠して）。そして簡素な凶器を担いでいるというヘボ装備の最弱キャラです。

086

08

黒フルフェイスの配達員はキケン

#黒キャップの配達員キケン

#バイク便もキケン

服は全身ブラックでシルエットを引き締め、フルフェイスのヘルメットで顔を隠すことによりミステリアスな表情を醸す暴漢の鉄板コーディネート。徒歩で尾行する派はキャップで軽さを出してTPOを意識。と、ファッション雑誌風のご紹介になりましたが、そんな手引書でもあるのかな、と思ってしまうほど、どのドラマでもみんな同じ格好なんですよね。僕はたまにお店でご飯を食べているときにUber Eatsのドライバーさんがヘルメットをかぶったまま入ってくると一瞬身構えてしまいます。それくらい、刷り込まれています。

大事なデータは食べちゃう

#USBは
#飲み込む

088

砕く、捨てる、レンジにかけて燃やす、お冷やに浸して飲み込む。とにかくバリエーション豊かなデータの抹消方法。飲み込むと言えば、『太陽の末裔』でダイヤモンドを飲み込み国外逃亡を企てるキャラクターがいましたね。ちなみに大切な紙も、食べちゃいます。

チゲのひと口で、全料理の味が判断される

#たくさんつくったのに
#スープ飲んだだけ

089

チゲはすべての韓国料理の基本に通じる（日本で言うところの味噌汁）ということなのか、それだけ口にして100以上を知ってしまう海原雄山的な巨匠。または義実家の母。え、今むしろ、口に入ったのスープだけでしたよね？　たくさん作ったんだから、他の料理も食べてみてあげて〜。

090 限界がきたら鼻血出る

#とりあえず

#寝て？

お金を稼ぐために夜通し働く、誰かに認められるために必死で勉強する、など、人並み外れた努力の象徴として描かれる鼻血。不治の病の始まりを告げる意味合いもあります。とにかく、鼻血が出たら、だいたいその場で倒れてますよね。

露骨すぎるスポンサーの商品アピール

091

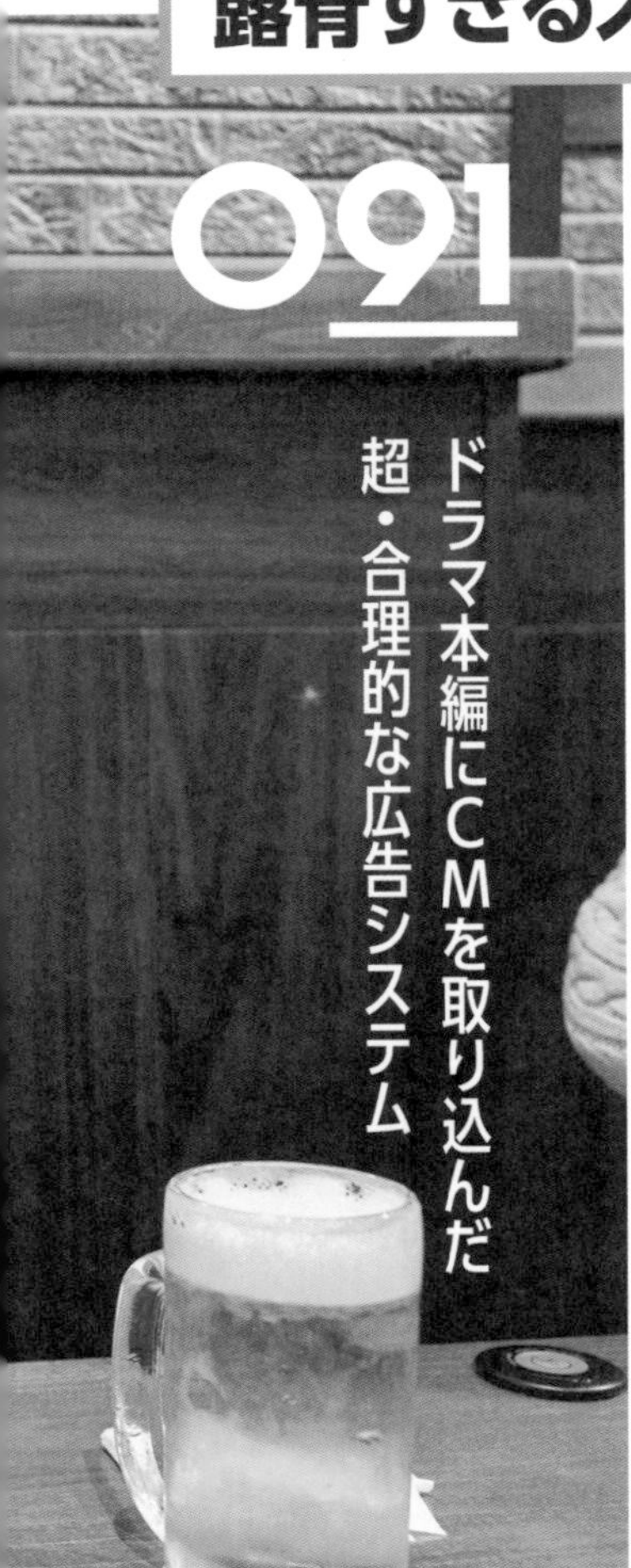

ドラマ本編にＣＭを取り込んだ超・合理的な広告システム

韓国のドラマは最初と最後にしかＣＭがつかないので、すべてのスポンサーを捌ききれないんです。そんな理由もあってか、ドラマの流れに企業広告案件を組み込んだのがＰＰＬ（Product Placement）という間接広告が普及。冷蔵庫にスポンサーの水しか入っていないなんてこともよくあって、それだけで生活しているわけないでしょ、というくらい不自然。それなのに、ヒロインや主人公が使う化粧品や服、食品、アプリなどストーリーとの親和性が高いものはめげずにどんどん登場します。韓国国内ブランドだけでなく、『キム秘書〜』では資生堂、『サイコだけど大丈夫』などのＳＵＢＷＡＹなど、グローバルブランドも注目。加熱するＰＰＬ合戦を皮肉るように『この恋は初めてだから』では、大量のＰＰＬを脚本に落とし込むのに苦悩するヒロインのシーンが描かれていました。

おおあり

#パッケージも商品も　#全部見せる　#不自然な演技

092

#本当はこの人声低いのに

日本語吹き替えになるとなぜか高い声になる韓国時代劇

吹き替え俳優を決める人は、ちゃんとドラマを見ているか不安になってしまうくらいイメージに合わないことがよくあって。あるあるでコスプレしたようなおじさんもそうなのですが、『花郎〈ファラン〉』のテテ（BTSのV）の声は事件……！　字幕でしかご覧になっていない方、吹き替え版を見ていただくと、その意味がわかっていただけるはず。〝ながら見〟できる吹き替えの良さもあるのですが、ぼくは字幕派です。

ややあり

093

朝鮮時代からタイムスリップして現代の飲み物にハマる

ぶっとんだ設定も韓国ドラマの真骨頂。脚本のよさと俳優の演技力の高さのおかげで1周回って逆にすんなり感情移入できちゃうから不思議です。『屋根部屋のプリンス』で現代に来たイ・ガク（パク・ユチョン）はまず古着のリサイクルボックス（ソウルでは、街中に衣類を回収するスポットがあります）からジャージーを取り出して現代風に衣装替え。車にひとしきり驚いたあと、タクシーを乗りこなすまでに進化。炭酸水の刺激に面くらいながら、癖になっていく、という変遷を経て現代にアダプトしていきます。

094

都合が悪くなるとすぐ留学する

#スケジュール問題

恋に敗れた二番手をナチュラルにお払い箱にするシナリオとして一番有効なのが「留学」。この恋は実らなかったけれど、才能にあふれた二番手の輝かしい未来を想像させることにより、視聴者の感情や俳優の名誉を傷つけない一番よい落とし所、といったところです。ちなみに脇役に人気絶頂のK-POPアイドルをキャスティングする豪華な作品も。もちろんずっといてくれるはずもなく、物語の途中で華々しく登場し、途中スケジュール都合で留学して去っていきます。時代劇なら、死にます。

ややあり

095

#もう耳にかかってるのに
#また掻き上げる

好意のある男性の前では、わかりやすく髪を掻き上げる

脇役の女性（その他大勢）が主人公に対してよくやるアピール。ワンレン派は手のひらをすべらせるようにダイナミックに前髪を掻き上げ、前髪アリ派はフェイスラインの髪を耳に掛け直して差別化を図ります。

鞄全部ひっくり返して探す

たった一つの探し物を見つけるためにバッグの中身を全部出し、そこまでしたのに結局見つからず戻す、そんなシーンを見て、「かわいい♡」と思ったあなた、脚本家の思惑にしっかりハマっています。韓国ドラマでは女性の脚本家が多数活躍。母性本能をくすぐるストーリー展開や演出は全世界でNo1！（※はしも調べ）創成期では『パリの恋人』、『プラハの恋人』などの恋人シリーズ、第2次ブームでは『シークレット・ガーデン』、『相続者たち』、第3次ブームでは『太陽の末裔』、『トッケビ～』、そして昨年出た新作『ザ・グローリー～輝かしき復讐～』を手がけるキム・ウンスクさんはまさに生ける伝説。時代に合わせて作風を変えつつ、筋の通ったストーリー作りにおいては右に出るものなし！

096

#そして戻す

親代わりで育てた孫に反発され、ショックで崩れ落ちる祖母

097

#絶対首おさえる

#アイゴー

両親がいない理由は明かされていないけれど、とにかく祖母と2人暮らし。そんな設定込みであるあるです。その場合、おばあちゃんLOVEになるパターンと、反発するパターンと展開は二極化。『その年、私たちは』のクク・ヨンス（キム・ダミ）は外でのそっけない態度と、家でのおばあちゃんに甘える笑顔の対比がよかった。『スタートアップ：夢の扉』のキム・ソンホ演じるハン・ジピョンの少年期は、まさにこのあるあるが当てはまります。

ちょいあり

098

野良犬の犬種１種類しか見たことない

#白くて

#細いやつ

　野良犬として登場するわりに、実は珍島犬《チンドケ》という韓国原産の犬種のひとつで韓国の天然記念物にも指定されているという大切な動物。日本の柴犬に似た中型犬で、素朴な可愛さが魅力です。理発で勇敢な性格から、ある特殊な事情における韓国の警報の名前にも用いられるほど（その名も珍島犬警報。詳しくはググってみて！）。ちなみに庶民は犬、お金持ちは猫を飼っている設定が多いんです、なぜか。

099

急斜面に家がある

#ソウルは
#坂だらけ

映画『パラサイト 半地下の家族』でも描かれて話題となった韓国の住宅事情。日本における東京と同じく、ソウルへの人口流入の一極化が止まらず住宅はつねに不足状態。かつての防空壕を住宅としてやむなく解放した半地下物件についで家賃が安いのは急な坂にある家やオクタッパンと呼ばれる屋上部屋。『サム、マイウェイ～恋の一発逆転！～』で田舎から出てきた主人公たちが住むアパートは坂の上かつ屋上も完備。青春の代名詞でもあり、ヒロインが住む場合、豪邸暮らしの御曹司との対比効果も絶大です。

最終回は関わってきたスタッフとの記念写真で終わる

100

#主役も悪役も
#みんな笑顔
#少し冷める

ライトなラブコメやヒューマンドラマ、サスペンスと実にバリエーション豊かな韓国ドラマ。最後は突如エンディングがメイキング画像になり、記念写真の静止画で終わるというのが定石です。ものすごい悲劇、救いようのない問題作も、「あ、犯人役の人が笑ってる!」「すごく険悪そうだったけどNG出した後は楽しそうにしてる!」など、舞台裏が見られてホッとするという〝終わりよければすべてよし〟的な効果も望める韓国ならではの演出です。普段は表に出ないスタッフさんへの感謝や労いの意味もあるんじゃないかな。

おわりに

怒涛の１００あるある、いかがでしたでしょうか。
うんうん、とうなずけるものから、そんなシーンあったっけ!?と首を傾げるものもあったと思います。
約20年、ありとあらゆるドラマや映画を見てきたなかで、
イメージとして捉えたあるある、というものも含まれています。

それくらい、いい意味でステレオタイプをなぞるような韓国ドラマは
どこか懐かしく、それでいて新しい。ホッとしたりギョッとしたりさせられる。
（このあるあるをまとめていて驚いたのですが、大ヒットドラマ『愛の不時着』では、
この本で描いたあるあるの大多数が網羅されていました。
基本に忠実であることって大切！）
それに加えて異国情緒を感じることができます。

広い意味で同じアジア圏という見た目と文化の親和性もあって、
欧米のドラマに比べると圧倒的に感情移入できるし、
作品を選べば家族でも楽しめる。そんな懐の深さがあるからこそ
ここまで愛される存在になったのではないかと思います。

最近見るものがないなぁ、なんて言わずに、
ぜひこの本を片手に、もう一度見たかった作品を
見返してみてください。きっと新しい発見があるはずです。

また新しいあるあるが溜まった頃にお会いしましょう！
ここまで読んでくださった皆さま、ありがとうございました！

スクールゾーン　橋本 稜

Author : スクールゾーン　橋本 稜

STAFF

Photo : TOWA
Art Direction & Text : 田尾知己（imos）
Styling : 大泉陽子
Hair & Make-up : 山口春菜
Proofreading : 遠峰理恵子
Sales : 丸山哲治
Promotion : 大見謝麻衣子
Progress management : 中谷征史
Special thanks : 玉造晶子、土田麻美、澤 優子、千鶴子
Composition & Text : 遠藤彩乃
Edit : 宮本珠希
Cooperation : 池本拓巳、馬場麻子（吉本興業）

Credit

悪役のコーデ（p.52、70、109）
スカジャン¥22,000、デニム¥4,620／ともに原宿シカゴ神宮前店（☎03-5414-5107）

兵役のコーデ（p.39）
ジャケット¥4,620、パンツ¥3,520／ともに原宿シカゴ神宮前店（☎03-5414-5107）

ジャージー上下コーデ（p.31、32、45、47、67、97）
トップス¥2,420、パンツ¥4,620／ともに原宿シカゴ神宮前店（☎03-5414-5107）

その他すべて私物

スクールゾーンはしもの　韓流あるある100

発 行 日　2023年4月10日　初版第1刷発行

著　　者　スクールゾーン　橋本 稜
発 行 者　波多和久
発　　行　株式会社Begin
発行・発売　株式会社世界文化社
〒102-8190 東京都千代田区九段北4-2-29
電話 03-3262-4136（編集部）
電話 03-3262-5115（販売部）
印刷・製本　大日本印刷株式会社

ISBN978-4-418-23600-8